印度
一切何用太執着 64
與「甘地」有約 67
酥油茶的禮遇 70
心強能勝一切 73

韓國+日本+土耳其
不老門 80
學會低頭 83
煮盡天下廚房 86
世間始終美好 89

台灣
與媽闖天下 94
和樂匙扣 99
櫻花眼鏡 102
你確定你不在夢中嗎？ 105

人生為何、生死大事……看透了嗎？

人生加減法 112
成功是甚麼？ 115
不要辜負一碗飯 118
從「無常」來到「苦」 121
木棉的智慧 125
機械人vs農夫 128
隱居仙子vsK歌之后 132
誰可喊停？ 135
你怕死嗎？ 138
大自然中哪有生死 142
天堂與地獄 145
大難不死 148

天使總在身旁

千里尋父 156
給力朱頂紅 161
人間菩薩 164
愛打坐的裝修師傅 168
教車一哥：康師傅 171
戴勞力士的女侍應 174

咖啡皇后 178
鍥而不捨的信鴿 181
可以笑時請別哭 184
以怪招走出死胡同 188
以愛回應一切 191
「從前到後」的另類「美」 194

給自己「加油」

黑雁爭聽「金剛經」 202
智者熊貓 205
「如來」飯煲 208
手機殉職的啟示 211
心交 215
自在攻略 218
你的遙控器在哪？ 221
你感恩過五臟六腑嗎？ 225
朦朧點更美 228
後知後覺的「七宗罪」 232
對錯很要緊嗎？ 235
捨、得！ 239

後語 243

序一：學懂感受

有些人能令人開心，你一見到他們就開心，因為他們的樣貌和笑容有令人開心的能力，能感染別人。

有些人你和他們説話談天就會開心，因為他們的話語內容與笑聲能感染別人，讓人開心起來。

另有一些人，即使你不認識他們、你沒見過他們、你沒有跟他們談過天，也一樣能得到開心——你只要讀他們的文字，就會開心。

Ginson 就是個這樣的人，你單單讀她的文字，也會開心起來。我就經常從讀 Ginson 的短短文章中得到歡欣愉快。

能有這能力並不容易，沒有幾多人可以做到。Ginson 有着過人的特強樂觀、快樂、歡欣與感恩心，這強大力量即使只透過文字也能傳遞到讀者心中，令讀者受感染、得到鼓舞，讀者甚至因而能改變自己的生命。

Ginson 有這種過人能力，她懂得善用這能力，讓大眾分享到她的積極和正面能量。Ginson 看事物的角度也與眾不同，街角常見的長椅對我們來說無甚特別，但她見到長椅會開心興奮，如遇知己，因為她感覺長椅一直在暗處靜候她的到來，在體恤地向她呼喚着：「來、先坐坐、小歇一會吧！」這些街角長椅給她「回家」的幸福感覺，於天地懷抱內激動大笑。我們見到街角長椅沒有這感覺，因為我們的感恩心不夠強、不夠細心去欣賞世間一事一物，Ginson 開啟了這看法和角度，讓我們懂得這樣看、這樣感受。

學懂了這樣看、這樣感受之後，我們就可更進一步，親身為別人做街角的長椅，給別人提供舒懷、幫助與安慰，或者做一條橋、一棵樹、一柄梯、一陣涼風、一盞燈……讓其他人開心、溫暖、得助。這樣，世界就會開懷歡樂得多了。

馮禮慈
資深樂評人、專欄作家

序二：幸福非必然

如果知道沒有明天，你這一刻想怎樣過？

萬物皆有期限，人的生命如是，只是生與死之間的距離有多長，無人能準確掌握。既然如此，我們更要珍惜每分每秒，不過不少人每天只為學業、家庭、事業等等，營營役役，並沒有真正花一點時間，欣賞及珍惜身邊的人和事。

筆者Ginson十三年前確診腦內有神經膠質纖維瘤，醫生推斷只餘下半年生命，她沒有消極放棄，反而比以往更積極樂觀，更懂得善用時間去欣賞這個世界。Ginson終於奇蹟地突破生命的期限，並將自己親身的經歷，透過文字感染更多人，做到生命影響生命。

如果真的沒有明天，而你已知道這一刻最想做甚麼，那何不動身好好去做？去疼愛應愛的人、去看想看的世界、去做值得做的事……幸福不是必然，不論健康或患病，生命也可隨時終結，因此要每天無憾地生活，即使突然離座，也不覺得此生枉過。

願這書感染讀者們珍惜生命、積極奮發、活在當下。

高永文醫生，BBS，JP

食物及衛生局局長

序三：歇息

別只望盡天涯慨嘆人生苦
漫漫長路其實有很多椅子
散佈在你需要的地方
只要你不讓雙眼蒙蔽
你便會欣然發現
世上原來處處有歇息地方

在那隱蔽的角落
在那大樹幽深處
有把被人久已遺忘的椅子
悄悄地等着你來
讓你乘涼給你安寧
煩躁的人每每視而不見
只有抱着平和的心
不肯背叛希望的人
才能自然而然地
走到她的跟前來
讓她摟抱讓她安慰
重鼓勇氣灑然上路

這是我和李珊珊、林燕妮在一九九九年合作出版的一本書《心塵泊岸》中，關於椅子的一段描述。很多時候，我們都沒有注意到在不經意的地方，其實都有一把可以讓我們的身體和心靈暫時歇息的椅子，想不到 Ginson 正好也對這樣的椅子情有獨鍾。

生命中除了椅子之外，還有多少人、事、物是我們視而不見的呢？

Ginson 和我都經常把「感恩」一詞掛在口邊，這是非常重要的，因為周圍有很多的助力或助緣，也許小小的、悄悄的，但在我們有需要時就會幫上一把，假如常懷感恩心，不但可以讓我們內心充滿正能量，而且面對困難和逆境時，也比較容易把它轉化成學習和進步的機會。

感恩佛菩薩十三年前把 Ginson 從死亡邊緣留了下來，讓她以過來人的身份安慰及開導黑暗中受苦的朋友們。

常霖法師

序四：殊途同歸

「師傅，我不明白我？」一俗家弟子問：「有人在公司做了些不好的事，但他是我朋友，又是介紹我進入這公司，所以我很煩惱，不知道應否告訴我上司？」

大師閉目而聽。

俗家弟子說：「不過，你的大徒弟說那人是我的恩人！如果告發了他，豈不是成了他的仇人？況且那是他的業。」

「他說得很對，那你不明白甚麼呢？」大師問。

「可是，你的二徒弟說的卻不一樣。」俗家弟子說：「他問我為何不先勸勸他，不讓他沉淪墮落；但這是公事，不可視而不見啊。」

「他也沒錯，那你不明白甚麼呢？」大師問。

「我現在更不明白了！你說他們兩個都對啊！」

大師微笑着，沒有說話。

佛法有出世法和入世法。一棵大樹病了，由它自生自滅，是出世法；千方百計救它，是入世法。一個人作了壞事，是他的業，不管它，是解脫；勸導他，不讓他墮落沉淪，是慈悲。

Ginson當年不執於醫病，是接受、看透，要活好當下，見識世界，是解脱；她今天寫文章，是有話要説，望珍惜所有，見證蒼生，是慈悲。

解脱看似向後退，慈悲像是往前行，後退也好，前行也好，修行方式雖異，但殊途同歸，都是由此岸往彼岸。能否明心見性，由此岸到達彼岸，還是於兩岸進退往返，如刹那心念乃天堂地獄間，則看各人前世今生的因緣了。

潘少權

《晴報》總編輯

序五：無常中感恩

Ginson又出書了，這已是她的第四本著作。作為業餘寫作人，產量不可謂少的，起碼她為《溫暖人間》撰寫專欄的七年來，維持每兩星期供稿一篇，未脫過期。不僅如此，她往往是一連七、八篇稿的交來，不需要我們追稿。她總笑言怕一時冒失或外遊時忘了交功課，不如一下子早交多些，我們當然無任歡迎。而同時亦充份感受到她那熱忱於寫作與分享的勁力。

Ginson從不諱言自己是癌症患者的遭遇，更甚者是到處宣揚自己如何從病榻的黑暗幽谷走出來，重整生命軌道，以文字分享正能量，活出心無罣礙的精彩人生。

這些年來，她把握當下，去了不少地方，寫了一些遊記，一回到土耳其；一回又從法蘭克福走到克羅地亞，與讀者分享段段奇聞逸事，各處風光雖然綺麗，但她遇到的，卻有千變萬化的因緣會聚，讓她窺見無常與生死的無處不在，體驗出不一般的人生況味。她說這些經歷也正正就是我們的人生寫照，一段段奇緣，讓她一趟又一趟的享受着與宇宙共舞，回歸本然，原來這些邂逅，才是她熱衷旅遊的主因。

從她的文章中，我也學會了她治療生命的一種重要能量——就是感恩。她感恩一切苦難的因緣，從殘障的生命中回看人生的力量和純美，最近她甚至有篇文章叫「你感恩過……五臟六腑嗎？」也給了我很大的啟發，說真的，也是我們要對自己最親的身體加點照顧和珍惜的時候了。

讓我們一起來感恩，感恩 Ginson、感恩她的正能量、感恩讀者的愛戴、感恩自己的身體、感恩天地的一切。

陳雪梅

《溫暖人間》編輯

自序：付諸行動

話說十三年前某一尋常天，老天爺送了一個驚嚇十足卻帶點滑稽的厚禮給我，於年輕有為且前途無限的精靈族群中，硬選了我出來去領這個「絕症」頭銜。「甚麼罕有的末期腦癌、風險太大沒能動手術、約剩半年生命……」堆堆恐怖字句串聯起來足令我魂魄亂飛，背脊持續滲着冷汗。幸熬過了必經的掙扎、徬徨、迷茫等身心交戰後，人像一夜乍醒般忽看清面前的路。抱持着「置心一處，無事不辦」的決心闖闖闖過去，以打不死的精神苦戰前行，一行竟是十多年了！

從一頭霧水的渾噩中，亂打亂撞地走過來，我檢視到自己過往太多的不是。於是從生活習慣、價值觀、人生觀、心態甚至於性格，幾近是來個從裏到外的「大變身」。好不容易，小命得以倖存，心底的一團熱血開始沸騰，誓要盡餘生積極奉獻與服務，以過來人的身份安慰及開導黑暗中受苦的朋友們。也許當生命合約得以續期，那警報器驟似暫停後，人的危機意識則自動鬆懈。從病苦中，我體會到失卻平衡會逐漸失卻健康；故花盡力氣把自己拉回「中道」上。可久而久之，我那「死命做」的劣根性又故態復萌，再一趟忙着服務而忘了自身。結果，瞧不過眼的老天爺只得被迫出手，再送我一回觸目驚心的飛天橫禍（見內文的「大難不死」），看我這頑童是否還不肯醒一醒！

果然這威嚇足叫我登時清醒過來，緩過神後環顧四周，看到人人同在爭分奪秒地拼命馳騁，心內那聲音再度響起：「要想辦法敲醒世人：不要一味向前衝，很多東西應比日夜齒輪式的生活重要。在努力拼搏的同時，是否應稍停下來，思考一些較重要的人生課題：如此衝衝衝為的是甚麼？所謂人生苦短，那價值何在？在濁世打滾至早已疲憊的心是否應沉澱下來、好好反思與淨化？」我懂了，大概你亦漸看懂吧……

經常有朋友問：「十多年來，你體會最深的是甚麼？」千言萬語，叫我從何說起。故我只簡言：「感恩二字！」說實在，沒有真正經歷過生死是難以想像我這「感恩」的力度！（唏！當然我不欲你們跑去感受那「死過翻生」的滋味！）但光是心底千萬般感恩，總嫌不夠，感恩是要付、諸、行、動的。故來到這裏，你該看懂現拱於手心這書的由來。

感恩此書的誕生、感恩能有機會再一次把此書捐贈「溫暖人間」這「用心」的慈善機構、感恩男友 Charles 一直以油畫及愛心默默支持、感恩你與他的不離不棄。小妹只得邊微笑、邊奮力地以指尖輕敲電腦鍵盤，轉化這感恩與愛心為這六萬多字的小書，令你看着看着時，也能無形中感受到陣陣暖意……Ginson 頓首。

「來、先坐坐、小歇一會吧！」

在外遊時，跑到哪也總在特定時份，給我留意到，「他」佇立公園一角、或守在一路邊不起眼處；更有可能是當我走累了，身體下意識發出信號：「快找張長櫈，給瘦軟雙腿先來個小休，充充電再戰下一站吧！」於是兩眼放光地在橫掃四周，他必能及時抓住我瞳孔，像在體恤地呼喚着：「來、先坐坐、小歇一會吧！」

猶記得最初被一張隱守公園一角的長椅攝住心神，是二〇〇七年春於日本東京的某某公園。當時的情景竟一直烙於心底：與好友在東京街頭逛膩了，我忽爾想跑到附近滿庭翠綠的公園來一趟身心淨化。於是二人邊説邊走，直至我眼前出現此景：這也許與一萬個平凡午後、與世界各處任何一平凡公園、與你看上千回也覺平平無奇的街景沒兩樣……可此時此刻此地於我而言，卻是「我的永恆」！當時的我大概像被雷電擊中的感覺，只持續對自己與好友喃喃道：「驟眼一瞥，此圖畫確美得很！他在久候着我呢！」好友看我撞邪般怪裏怪氣，禁不住問：「誰？四周寂靜無人，誰……在等你？」「你看不到此美絕、靜端一角的長櫈嗎？」好友嗚一口悶氣，費解曰：「還不就是張長櫈，可美到哪？」

當然「感覺」這回事，「如人飲水，冷暖自知」，此刻的我心內迴盪着：「我早已倦透，幸莽撞的我終能遊走至此，你原來一直在暗處靜候我的到來，於這空氣中滲着絲絲溫暖氣息的當下，給我『回家』的幸福感覺。我要在你懷內歇一歇、喘口氣……你是大地給我適時的支撐、是老天送我的閨密、是我累時心靈最大的依靠。」安坐着時，心頭的激動久未消退，於天地懷抱內，聽着風聲調順自己的呼吸，心清如鏡後不禁失笑……這不正正就如我的人生嗎？

每當人生旅途中走至某一段落，或遭遇突變時，總難免有「累至走不下去」之無力感，總想按個「暫停鍵」，作中場休息；為自己爭取點時間空間與現實軌跡脱鈎片刻，好讓我喘息之餘，更可自省其身以檢視過往並策動未來要走的路。就正如在外走倦了，當看到一恬靜長櫈，自當肯定是給我蝸於此作回氣養神之用，稍經充電後，必能更神盈氣滿地疾走往後的旅程。

如是這從第一張牽動我心神的「他」於人生旅途中出現後，到處遊逛而不忘搜集「長櫈」已暗自成了我旅遊的另類樂趣。結果發現原來各國各地竟有着很多富特色且別致的長櫈，均同在靜靜地等候着有心人的到來……讓大家安其懷中「歇一歇、充一充電」，給中場鬥士休養生息、給累透浪人一刻溫馨回家之愜意！

晃眼十年，每每翻着各地涉獵回來的款款「長櫈」，心中盡是道不盡的滿足。全因每一張於旅途中給我依偎過的「他們」，竟不約而同地像在為我加油打氣，總不時給我鼓勵：「不怕，任何時候走累了，便好好地讓自己停下來，人生準沒有甚麼非得衝着趕不可的！有時緩過神，更助看清目標，並可確保走得更遠！」而另一經驗之談，便是當我放鬆身心安坐櫈上時，時而發呆、時而沉思，但離去時總能參透一些真諦、頓悟丁點道理。長櫈，總有其神妙功力助我一把。

嗯，你可曾留意到分佈於世界

不同角落的寂寞長櫈，永遠乖巧地蹲着，靜候着你我他的進場。人們除了善用他作歇息外，更愛依着長櫈：説故事、聽故事、談戀愛、鬧分手、訴衷情、吐苦水、聊軼事、話當年、思己過、想將來、論人生……有時不禁瞎想，當我與好友安坐於此正喋喋不休之際，耐心傾聽的原來還有「他」的份兒。歷盡幾許春秋，他仍樂意承載着蒼生面對風風雨雨。他們可真偉大，一直堅守崗位，共同四海一心地默默發揮着安撫人心的功效。

或許你覺我大抵已瘋了，從沒起眼的公園或街角一物，哪有此玄？可我卻一直情有獨鍾，但觀乎各地均有些獨特長櫈叫人驚喜，相信定有同類理解其重要性，才塑造出如此多采多姿、別出心裁的款式吧！反正「怪癖」無解，我更樂於持續下去；以下挑選了一些可愛長櫈，待君看後或會有所共鳴！

「來、來、來……先坐下，於漫長人生中來個小歇，試想想若你安坐於此會想到甚麼呢？」不妨翻翻此書，看看小妹這些年來於不同國度的長櫈上「悟到些甚麼」；說不定你也會予以啟發、有所收穫，離去時或會像我：情不自禁地摸一摸身後長櫈，瞪着「他」駐足片刻、心底鳴謝……會心微笑！

走走、停停、看看……

真正的自己

二〇〇八年　夏　加拿大安省湖畔

與法師靜享此優哉游哉的談天境地，細味其出家的心路歷程，點點滴滴。有幸於此人間淨土能與法師結緣。一席話已教我銘記於心，終生受用。

法師問：「遊走了那麼多地方，你體會到甚麼？」我答：「感受天地，試着找回自己。」

法師笑：「那找到了嗎？」我答：「唔……還一直努力中。」

法師靜默，遂笑曰：「我也在努力呢！」我才鬆一口氣，心想多體貼的法師呵。

「記得：路，要一步一步，用心的走；包袱，要一點一點的扔。這樣走着走着，心會越來越清、越來越靜，最後必會……遇見自己。」法師輕柔地吐着每字，我只覺幸福無比！

《純白天堂》

70 cm x 50 cm

Oil on canvas

2016

雪白天鵝群，把湖面點綴成天堂勝景，
快速揮筆一畫，勉強留仙境於人間！

—— Charles

東歐

瞥見這泛紅天幕，令歐陸街角別具畫意。

—— Charles

《歐陸街景》

70 cm x 50 cm

Oil on canvas

2015

勇闖東歐

痛錫我的摯友們，每逢聽我那根旅遊筋又在蠢蠢欲動，總眉頭深鎖；因太清楚我即將要發動甚麼驚險之旅，明知阻止不來且罵我不成，惟落得苦擔心的無奈。坦白說，我每回策動旅遊，皆本着安全穩健為宗旨，可恨於途中，每每夾雜些時局動盪，世情不穩等刺激添加劑，像極劇情片必有的緊湊佈局，非要弄至鬧哄哄不可。

你問我為何始終瘋了般愛四出遊走？各地風光雖如一，但當中千變萬化的因緣滙合，無常乍現的令人束手無策，永遠叫人又驚且喜的始料不及，這統共交織出頁頁鮮活的人生印記，醞釀出不一樣的生活滋味。每當艱苦走過一段，我總心裏暗笑，天地像時刻要我拼命學習與提升。於種種未知、迷失與考驗中，經不斷探索而尋回自己，逐漸堅定往前走，這可愛歷程不正正就是我們人生寫照嗎？一趟又一趟的把自己交出去與宇宙共舞，回歸本然，才是我熱衷旅遊的要因。

二〇一五年八月，扛起背包，小妹便打響鑼鼓：「東歐，我來也！」決定這歐遊，原於與一好友的閒話家常，聊了半句鐘便一錘定音，當時即興的我嚷着：「江湖兒女，講到做到，鎖定八月出遊，首站為法蘭克福，逐漸沿慕尼黑入布拉格、布達佩斯，再下斯洛文尼亞、波斯尼亞及至愛的克羅地亞！」電話對頭的摯友聽我光是聊聊已興奮莫名，只笑說：「好吧，就這落實，你安排好了。」因她深知我這浪人說了便算，天塌下來也擋不了我的。結果我這勤勞工蜂便連月來金睛火眼地做資料搜集，擬訂行程，住宿、機票車票全訂妥。好友乃上班族群，假期有限，故需善用分秒，於近一個月內要涵蓋八大城鎮，步伐緊迫呢！為了精算點，更加插幾回通宵巴士穿州過省，既省時又省住宿費，這智慧之選自然令旅程艱辛了不少。

一般人多歸納四出闖蕩的背包族，盡是精靈敏捷，眼觀六路，耳聽八方的「醒字派」，可恨我怎遊走也難以進化至此。今回照樣離不開搭錯車、落錯站、誤進博物館……

看着自己的亂來業績，無不感恩浩瀚宇宙的包容性可真夠大！更有趣的是今期同場附送非洲難民大批湧入歐洲，令周遭硬罩上緊張氛圍。現回想着，腦子堆滿段段故事，衝着想發放、欲分享，請容我耗點時間整理，逐一細說這回奇趣的東歐亂闖記。

素來「勇」字掛帥的我，遊至布拉格時，忽看到石櫈上（噢！我鍾情的長櫈呢！）竟湊巧有一金句，大意是：**旅遊大抵與金錢無關，惟勇氣呢！**我頓時兩眼放光，從心底笑出來。此絕妙精句，定是上天贈我……來為我打氣的呢！

世界由我創

曾經對自己熱衷旅遊而疏於修行感到有點內疚，一天請師父解救，有讀心術的他深明大義，鼓勵我說：「視旅遊為修行吧，於變幻莫測的途中更能考驗你的修行功夫。」感恩師父的諄諄教誨，而每回出發前，我必抄下他的勵志金句作錦囊，時刻作警醒。「宇宙是相互迴向的，你發射出去的是甚麼，它就會從那邊射過來甚麼樣的磁場念波。故你所經驗的世界其實是你先投射甚麼出去。」師父此金句竟成了我此行的最大見證，不下數回叫我頓悟見法。

今回的同行伙伴因近年工作壓力過盛，常毛毛躁躁，焦急多疑，縱然不張嘴也可感到她渾身散發着的負能量。「歐洲人最瞧不起我們東方人，你問他甚麼，總愛理不理地敷衍了事。」慣性皺眉的她從首站的法蘭克福已下此判詞。坦白說，我從沒在意膚色種族的差異，太陽底下大家還不是一家人嘛！故她的論斷我並沒放心上。可試着多回她在不同國家問路後總覺有被「老點」之嫌時，她更篤定：「早說歐人沒個好，不是明要我們嗎？」接着我遂留意她問路時的舉手投足。唉！端一副兇巴巴的鐵臉、粗聲粗氣、得出被老點之下場絕不為奇呢！真的，你發放甚麼出去，自然收穫類同。道理講多沒用，我這四萬笑容最佳拿來驗證。我遂說：

「你也問累了，以後等我來。」

一回清晨六時抵達波斯尼亞，從火車站走到市區巴士站需約二十分鐘，可條條死寂街道，該走哪？我定下心神，合上眼對虛空拋下我真誠懇求：「請給我好好引路！」張眼一看，我順手一指：「走這邊吧。」好友見我氣定神閒也得乖乖跟着走。未幾終給我看到一人站着，我飛上前微笑問路。穿制服的他指示我該走的方向，我道謝後便轉身前行。可不久他卻尾隨上來，原來他是美國領事館的警衛，他認為清晨兩旅客走在寂靜街上，有人陪同較安全些。我這才看到他腰間之佩槍。「是的是的，安全安全！」就這樣便在他陪同下順利抵達。老天如此派來猛男持槍引路，我笑得更四萬了。好友只覺匪夷所思，而往後幾近所有問路也由我一手包辦。

其實發自真心的微笑，永能打破任何隔閡且全球通用。另一回我於市集買明信片，順道與阿姨聊聊說笑，豈料離去時她硬要送我多一張，怎會買一送一？只因她說我的笑容令她窩心！歐人沒個好？瞧不起我們？行動證明一切吧！

某天於布達佩斯經過一行人隧道口時，無意中看到此景，嘩！上天真會適時送我禮物**「How You See The World Matters!」（你的世界……在於你怎觀看！）**修行確實於旅途中呢！

雪中送炭之幸福

二〇一五年八月的東歐遊，剛巧遇到非洲難民潮，局勢一下子緊張起來。而同行伙伴則憂心忡忡，時刻追着國際新聞直擊報道。我一於少理，因太清楚往往弄至心不安、靈不穩之罪魁禍首原是自己呢。很多時外電報道多言過其實，正如當我身處匈牙利時，聽說有難民暴亂，可我感受到的是國泰民安，也許政府的確為難民潮而頭痛，但沒道理要我們也陪着終日懊惱，在旁危言聳聽有助益嗎？我盡心開導好友，她只唯唯諾諾，依舊盯着新聞緊鎖眉。真的，你處在苦海還是淨土？完全看你的心態，外境頃刻幻變，你控制得來嗎？倒不如省點力、善用智慧來轉念，不是更有效益？

於旅途中，我只專心遊玩，對難民一事從不在意，可來到斯洛文尼亞時，卻遇上一小插曲。還記得剛抵埗，我倆既累且餓，飢腸轆轆的兩隻幽靈一闖進食店便搏命亂點東西，接着以極速把熱騰騰的食物一嚥而下。當元神歸位後，才赫然驚覺餐桌上剩下大半個 pizza 還未開封。好友先來內疚：「點得太急趕，忘了說要小號，這大號來多兩大漢才能消化掉呀。」「不

能給予別人信心與希望，
這當下感覺原是最幸福的！
—— Charles

《盼望》

100 cm x 100 cm
Oil on canvas
2014

怕，打包給流浪貓狗呵！」「小姐，遊了東歐兩週，我像未碰過流浪貓狗呢。」雖我的獻計未被賞識，我還是將之打包碰碰運氣好了。

果真沿途甚麼動物也看不見，可當我抿着嘴在等過馬路時，有趣的事發生了。在寂靜小路，忽見一高大男子出現於路口。我本不以為意，但無奈此交通燈像定格了，無聊的我左顧右盼，忽看到該男子拿出大紙卡，原來他望能搭順風車入城。我回頭看看手中的 pizza，靈機一動，對準好友說：「我找到了！」可好友錯愕着：「但他像……難民呢！」我倒沒看清，但這重要嗎？我一個箭步奔前，喜孜孜說：「我剛才點多了的，還熱呢，給你好了！」此刻正面看清點，他確像難民。我更欣慰地心想：「萬幸能給他一點溫熱的，撐着空肚子等順風車真不是味兒。」當我遞給他大大盒 pizza 時，他還愣愣地不置信，他大概壓根兒沒料到，於滿城對難民不利報道下，還會有陌生人給他食物。我以真誠目光直視他，他眼裏充滿驚喜，那種感動如一股暖流直滾向我，他發緊喉頭最終才顫抖吐出連聲的「多謝」。

太陽之下，你我他不同膚色種族，還不是一家人，界線範圍盡是虛妄之別。沿途常被問及難民之影響，我皆笑說：「沒有呀，還多得一回偶遇令整個旅程生色不少。」每每想起此幕，心中均湧着說不出的滿足，光攫住這窩心片段，已叫我比遊逛到甚麼名勝還感到……幸福滿溢。

慈悲的法力

布拉格——眾人心目中的浪漫之都，終有幸與好友踏進此地，一償夙願。也許於古意盎然的獨特國度瘋過頭了，樂極確會忘形，考驗卻悄悄盪來。一不小心，衝勁竟一下子演變成可怕的「衝突」！一天於約定的時間地點，好友遲了半句鐘還未現身，我焦慮着，可她到來時竟大發雷霆，怪我沒把話說準，我只輕聲回話，她卻連珠爆發，一手叉腰，一手怒指我，把堆堆惡言伴着怒火一瀉而下。

我當場感到被一團熊熊烈火燙着，渾身灼熱。眼前死黨頓變潑婦，持續抓狂地怒目相向。我這慢半拍還來不及招架，她再自編自導自演下去：「我知道你一定認為我是自私鬼，自己溜去逛市集，我只隨意繞一圈而已……」雖我也感到有點委屈，但看她罵得全身發抖，喘促不堪般，我勉強說：「我沒認為你是自私或怎的，我只擔心你呢。」「我不用你擔心，你擔心自己好了！」一張利嘴仍誓不饒人地喊着重話，此刻的她如掉進地獄深淵中煎熬自己而不自知！

當時的我只覺有理說不清，難過非常，深切體會那種「一開口便是錯」的無奈。可登時耶穌那名言竟於心頭迴盪：「得原諒呵！因他們不知道他們在做甚麼！」來得及時的此話像在形容眼前「無明」的她。若能倒帶讓她目睹其怒髮衝冠在亂噴的鏡頭，不知她感受如何？大家也是同修，應明瞭要對自己瞋心下苦功才對。但跟前的她，就正如一隻掉進泥沼的小狗，難道還要罵其魯莽行徑，快扶牠上來才是明智之舉。

在此膠着狀態下，行動勝過一切。我遂拉她手，她奮力掙扎，一副不低頭的模樣。我也不管怎的使勁擁她入懷，我清楚慈悲的法力能包容一切。我只是借助宇宙大愛去為好友療傷，去給她相信惟有大愛能涵蓋任

何爭執或怨懟。她於我懷內再不反抗了，卻頃刻間崩潰地嚎啕大哭起來。我更感應到慈悲的力量，我只單純地與天地合一，回歸本然純淨的初心，讓宇宙通過我這「工具」傳送大愛給當下需要的眾生。一瞬間好友崩緊面容漸漸溶化開來，她像受傷小狗胡亂點頭卻說不出一句話，我輕拍她肩，安慰着：「沒事，一切已過去了，我清楚你，不用多說！」她淚一直沒停過的下，此刻我也感動落淚了，大抵是感動於那份天地純淨的大愛，果能撫平一切。

一記衝突，可換來二人交惡絕交收場，或藉此作自我提升的功課；當下轉念，結果截然不同。舉頭看着天邊朗日，太陽時刻展示大愛，包容天底下所有有情眾生，我可以同樣見賢思齊、效法之嗎？經此考驗，我深信……可以！

比安排更絕妙的安排

那回的東歐遊，事前的行程編排確花了我不少心力，要於一個月內覆蓋八大城鎮，真蠻考功夫。好友難得放假，故她的心頭好先排首位，而我想遊的名勝就得看因緣了。於首站德國的遊逛均按計劃逐一攻陷景點，每晚我倆皆樂滋滋地回味當天的照片，封存段段惹笑難忘的回憶，聊至倒頭瘋睡時嘴角還孕着笑意。但無奈劇情卻醞釀着變化，到了布達佩斯時，好友忽爾對原定安排諸多挑剔，我看着「無常」衝來，頓覺鬱結難當。

好友抱怨：「連日來盡是教堂、中古城堡，不是尖頂圓頂，便是尖頂加圓頂，你不膩嗎？」「沒有呀，靜心欣賞，我覺各具特色。」她仍反擊：「棟棟如一，簡直悶得想吐！」我挫敗地無語當場，但旋即記起要以好友喜好為首呢。我遂溫婉問道：「那你現想逛哪？」她脫口而出：「去中央市場購物好了。」心想：購物？購物怎能比美世紀古蹟？馬上第二念更正：不能以己見下定論，故我簡言：「好吧，你喜歡便是了，現改購物去，那舊城名勝是否擱置？」她乾脆說：「處處舊城也差不多，不去也罷。」我看着手上舊城三大景點的資料，大概可預估到甚麼叫「緣慳一面」。但「隨遇而安」嘛，我絕不因此而影響心情，陪她購物也要開心至上，一呼一吸，我又大笑開來。

果然瘋狂購物後，好友高興多了。看她面露笑容，我亦寬心，看到自己能不執於苦心編排的行程，我倒為自己的進步而欣慰。其後我倆漫步於多瑙河畔，忽爾巧遇一美國旅客，此大叔自誇來了兩天已攝下眾多靚相，按捺不住地展示其相機內的傑作。好友瞬間像着了魔：「嘩！這些教堂城堡蠻特別，可否帶我們去？」大叔自然樂於當嚮導。難得好友對已封殺的教堂重燃好感，我心更樂。於是接下來的大半天，我倆便伴着大叔奔這奔那。

好友像全忘了早前的控訴，都説世事多變嘛，眼前的她竟換起調子來：「嘩！各建築物真別具風格！」大叔眉

飛色舞曰：「真的百看不厭，用心欣賞自能體會其韻味。」他興奮地補充舊城教堂的資料。噢！為何越聽越覺熟稔？我呆半晌後，笑得人仰馬翻，他倆好奇追問，我笑曰：「大叔帶領我們剛遊過的舊城三大景點，正正是我行程內……想要去的。只是……」好友登時愣住了，眼巴巴地不敢置信，大叔聽得糊裏糊塗，我只猛力拍他肩：「總之大叔你，你……是上天派來的！」

為此巧妙安排我笑足一夜，耳畔飄起那句：「命裏有時終須有……」如此妙絕鋪排怎不叫人「大開眼界」，原來上天還真痛我呢！

有命活着已是恩賜

薩拉熱窩，從一九九四年認識這名字，只因當時在卡拉OK狂唱風靡一時的流行曲：薩拉熱窩的羅密歐與茱麗葉。老實說，我這井底蛙從沒認真聽懂此歌內容。直至二十多年後的今天，傻乎乎地晃進這難得國度，一夜啃進過多的歷史及難以置信的慘痛故事，才知道那凄美歌曲背後一感人故事，且只反映當時內戰中冰山一角的慘況而已。

誠然，於我們這幸福族群，戰爭大抵是書本及電視上陳述的款款歷史，總覺遙不可及。可如今一切堆在眼前：看着子彈痕跡滿佈的樓房及撐着殘缺肢體的老伯大姨，我彷彿嗅到丁點戰亂的況味。為何在堪稱太平友愛之邦會爆發內戰？何故圍城達四年之久？何以在全球關注下還會發生滅族大屠殺？這箇中因由便留待閣下於近代史中探究好了，我欲分享的倒是置身當地時的所見所聞……

來了薩拉熱窩數天已教我清楚內戰的經過，路上碰着的每張臉像藏着類同的傷痛故事，而每天經過一茶居定見一群老伯，大清早則在聊天。某天我忽爾被邀入內，眼見滿桌小酒杯，我奇怪酒不是夜裏喝的嗎？「這裏沒分日夜的，試問當年炮火還不是晝夜響不停？」一銀髮伯呷着清酒大聲道。另一大叔為我解圍：「外頭人從未嘗過戰亂，小無知怎能理會？」話匣子一打開，你必料到我定窮追問問問。

「但凡在街上移動的物體，他們必連槍掃射。一出門便要朝目的地直奔，每天外出取水取糧也難以確保有命回家。身邊人倒下，更提醒你要亡命狂飆。你連停下來抱抱至親的機會也沒有……」銀髮伯說不下去了。大叔接力：「逃難時六十人堆進一大宅，共用一衛生間，甘苦與共；把僅有的糧食每人一口一口的分。能沒被射殺，便得撐下去。四年來每天只為生存而活，你可想像得到嗎？」我企圖奮力想像，大叔續說：「沒經受過戰火摧殘，怎也難以體會這刻骨之痛。當然我更不願世上再有人需受同樣的苦。真的不要、再不要呵！」大叔深邃無奈的眼神已看得我滿是揪心的痛。

想着位位尋常百姓每天一隻腳跨進死亡門檻上，那種日子簡直與地獄無異。當我還端着一副等待救贖的笨模樣，大叔反豁達而笑：「經此一役，我們甚麼也可拿來開玩笑，且可笑着面對一切。不是嗎，其實哪有甚麼好執着呢？」是的，與死亡相比，還有啥需太計較？銀髮伯再補一句：「有命活着已是恩賜，跑去橋頭看看夕陽，還不是很美嗎？」

美，薩拉熱窩的夕陽的確很美！或許於段段辛酸往事襯托下，那夕陽餘暉更見吸引，相信亦是我見識過的日落景致中，最令人難忘的！

當我仇恨，我便是弱者

於東歐浪遊一個月中，以薩拉熱窩這地叫我收穫至豐。而當中一個不一樣的展館——Gallery 11/07/95，給我莫大的觸動。展館始創人為一名當地攝影師，他親歷這四年圍城內戰，炮火連天，日夜充斥着死亡、飢餓與絕望。有幸大難不死，戰後他跑往東邊小鎮Srebrenica，深入了解當時舉世矚目的滅族大屠殺。從搜集到的實況資料、拍下的珍貴照片及與生還者的訪問，激發他成立此展館。

由於好友早已表明立場：「我是來度假散心的，為何硬要重溫些殘酷場面，嚇至徹夜難眠，不划算！」每人遊逛目的各異，故這類她口中的「恐怖展館」，我還是獨個兒享受好了。而館方體恤旅客或需較多時間去領受，故憑當天門票可無限次自由進出。結果我先看兩小時，往外吃午飯；再進去兩小時，出外小休整頓思緒，再入內一小時。我整副魂魄確已被勾了進去，這亦打破我畢生逛展館的紀錄。精彩、震撼、感動，百感交集就是了！

總的來說，透過大部份黑白照片，你大概可了解箇中慘痛的經過。從劫後餘生的受訪者描述的段段經歷，更聽得我渾身寒颼颼。當我還在唸書，在校園玩樂嬉笑時，同一天空下的另一群學童卻每天受盡戰火威嚇，經年躲於地下室與家人祈禱能存活下來。這會是何滋味？戰亂給人見證殘酷冷血的一面，可同時亦彰顯人類的大愛，平民百姓更守望相助；當中一農夫自發挖了一地下隧道，從外運進糧食藥物及救援物資，全賴此「希望隧道」，於漫長的四年中救活了不少同胞。而失去家人的傷痛，便藉着民間的樂隊、舞蹈組、瑜伽班等各自得以發洩及療傷。

自古戰爭帶來的多是往後種族的仇恨與怨懟。但這攝影師的剖白卻令我相當震撼。他坦言：「這些年東奔西跑作資料搜集，見證家家戶戶的血淚史，我更時刻提醒自己於生活與展品中……不要帶任何仇恨。若有仇恨憤慨，我便是弱者。一切只為愛！亦基於這一念，我創辦此展館；只欲倡導和平、尊重人權及生命之可貴，好令全世界反思種族宗教的仇恨往往帶來的只是禍及無辜百姓的悲劇。」他是身受其害的一員，卻可以如此豁達正向地宣揚大愛，直叫我感動不已。

「當我仇恨，我便是弱者！」攝影師此話烙印心田，我得時刻警醒自己：任何怨天尤人、憤世嫉俗全是弱者所為，要以大愛包容一切，因為只有愛才可消弭所有敵對積怨，人類心靈才得以淨化昇華。離去時，同樣看着薩拉熱窩的夕陽，淚潸然而下，感動於這片難得的大地，承載着多少血與淚……及無止盡的愛！

被救贖的迷途羔羊

薩拉熱窩並非我東歐遊之尾站，接着還得趕赴莫斯塔爾及克羅地亞，但奇怪的是人離開了，心還不時緊繫着這片地、午夜夢迴總眷戀那攝人魂魄的黃昏落霞。對一地之鍾情，除了明媚景致外，當中經歷的種種往往更令人難以忘懷。正如於薩拉熱窩最後一天，給我無意中晃進一清真寺，結果被教士……救贖了！

記得那天心靈還在吃力消化段段殘酷歷史，雙腿只管漫無目的地到處蹓躂，最後神推鬼送，在喧鬧旅遊區拐過一扇門，隨即落入一靈氣逼人的清真寺。放眼望去，寺內側旁是齊整墓園，庭園散落着三四枱老伯在喫茶聊天。沒一團團旅客在躍動，此地更顯祥和舒泰。我遂老實不客氣地安坐一角，未幾給我有幸結識到寺中之教士兼「喚拜員」。以往遊中東，日夜聽着喚拜塔傳來的誦經時，一直好奇喚拜員會是何路人馬？誰能當此神聖崗位？想不到如今卻給我碰上一位。

慈祥的他親切曰：「鮮有旅客到訪，此清真寺乃歷史最悠久的，獨欠華麗裝潢，故非旅

遊熱點。」「我就是被其純樸無華吸引進來！」一聽我此回話，他認定我乃真主遣送來的迷途羔羊，旋即竭力宣教。他英文不靈光，卻賣力度化我：「只要跟我唸上幾句可蘭經，您的原罪即被赦免，從此像嬰孩般純潔無瑕。」我脫口而出：「就這簡單便捷？」他更歡喜若狂：「就是啦！」看他一臉真誠，倒令我萬分感動。我有多迷途？心中有數呢！我並不貪求變回無罪嬰孩，但能令跟前教士滿足於拯救了一隻羔羊，我還是樂意地唸上幾句。

坦白說，於一體國度，只是名相詞彙不同，各宗教皆盡力引導信眾走向真善美。我漸好奇：「內戰時你也是每天登塔給民眾領禱嗎？」他驕傲說：「那是我的天職呢。每每一邊誦經，一邊炮彈橫飛，沒送命，定是真主在守護我！而飽受戰火摧殘的信眾，無不依仗着此呼喚來慰藉心靈，試問我怎能懈怠？」四年來每天冒生命危險，為的只是給苦難百姓信心與希望，我頓時對這位曾五度出訪「麥加」之虔誠喚拜員，敬佩不已。

閒聊過民生後，他認真說：「Ginson請放心，真主會好好照顧你的。」說畢便送我一條琥珀唸珠。我頓時愣住，還未及反應，他搶着說：「很高興認識你，我會一直為你祝禱。是時候要上喚拜塔了，祝你旅途愉快！」匆匆握過手，他便揚長而去。

走回大街，看着迎接我的夕陽、握着手中唸珠、聽着塔頂的呼喚，倍覺親切窩心，大愛哪分宗教地域，正如此醉人夕陽，還不是一樣普照世人，令人時刻感到真善美！

考驗無處不在

離開薩拉熱窩，我與好友接續搭長途巴士前赴小鎮「莫斯塔爾」。以一條世界遺產的「莫斯塔爾古橋」為中心的舊城區，便是我們鎖定之目標。編排行程時看到一段古橋的描述：「橋從一個懸崖延伸至另一懸崖，就像伸至空中的彩虹一樣……」；我愛古橋，更愛彩虹，故為一睹此彩虹橋，再跋涉艱辛也難不到我。噢！當抵埗時遠眺此二十九米高的老橋，果真像懸掛天邊的彩虹，妙絕妙絕！

這個小小舊城，世界各地旅客多慕名而來，只花一天看看古橋便趕赴下一站，鮮有如我們住上兩個晚上。也許來到旅程尾聲，欲停下匆遽的腳步，企圖慢活地呼吸多點古舊氣息吧！好友漸能放鬆下來，滿意着：「這小城別具風味，就連下榻的客棧也建於中世紀的石板路上，蠻有意思。」我更大樂，慣性挑剔的她難得回敬美言，我才鬆一口氣。但每每風調雨順，則總愛出狀況，或許這才堪稱「精彩」。我想說的是來到第二天，當準備好要出門吃早餐時，房門竟……打不開！

東歐大部份房門是以鑰匙在內反鎖的，這一路遊下來已習慣了，故那天同樣將之反鎖，但沒料卻開不來。好友多回左拉加扯也不果，急性子的她漸不耐煩：「換你來試吧，你較好手氣。」一說得像鼠輩在偷開夾萬一樣！我當然全力以赴，早已預估若弄半天還未能開門，定難逃好友的謾罵。結果心越急越不奏效，明顯門鎖打滑了，非要找專業人士來開鎖不行。

「怎會碰上門鎖壞掉這倒楣事？甚麼鬼地方，要襯托舊城，就連客棧門鎖也要生銹嗎？」好友的忍耐明顯到了極限。也難怪，如此折騰已近一小時，聽聞空着肚子的人是較易暴躁的。由於此乃獨立屋出租，房東住別處，我只得馬上聯絡她找人來開鎖。最終久候個多小時，房東才氣沖沖領着開鎖工匠來破門。當然房東萬分抱歉，她亦從未遇過門鎖壞掉，只嘆我倆走運罷了。

遇着諸多境況，能否及時腦筋急轉彎，從考驗中找到逃出來的隙縫？能否於狹隘的抱怨境地突圍而出，從隙縫鑽到另一片廣闊天空，這一切全看我們的「轉念」功夫！於此滑稽場面下，好友一臉鬱結，我則笑着開導：「試想若此反鎖事件發生在明天豈非更糟？明早要搭九時的長途車，若出不了門，誤了車程才損失慘重，現只是誤了吃早餐的時間，這還是不幸中之大幸呢！」好友終勉強回我一笑。事情既已發生，任你怎瞋、怎懊惱有用嗎？煩惱則菩提，迷與悟還真在於一念，考驗果真無處不在，回首再看深愛的彩虹橋，我還是相當的……樂在其中！

洗白的啟示

有經歷過捱長途通宵車的背包族群，當你抵達目的地後，第一件想衝着做的事……會是甚麼呢？吃早餐、倒頭癱睡、趕遊景點……還是……還是淋個熱水浴？當然這問題沒有絕對答案，因人而異，哪來絕對？但這亦是今回我想分享的有趣遊歷與箇中體悟。

那回遊東歐時間緊絀，故當然少不了加插幾趟嚴峻的「通宵巴士」。說其嚴峻也絕無誇大：試想想蜷曲着軀體、把自己鑲嵌於侷促座位內，隨着顛簸路況在車廂內左搖右擺地碰撃十多小時，光用聽的已能感受到此舉何其偉大！而每回熬過艱辛車程，於我而言，抵埗後首項刻不容緩的要事，便是衝進酒店，站於花灑篷下，豪邁地將整夜於路上滾貼身上的灰塵與疲憊一洗而盡。但無奈那回清晨抵達布達佩斯，酒店要正午才能入住，故我那「淋個痛快花灑浴」的奢望終究落空。

我們那回找的酒店乃住家式改建，一樓層有七八個獨立套房，並有一個廚房及用餐區，供旅客煮食及聯誼之用。雖未能提前入住，但卻可安頓行李於用餐區，遂能往外遊逛。記得

雅致一角，充滿靜態之美。

—— Charles

《圓花瓶》

80 cm x 75 cm

Oil on canvas

2015

當時乃清晨七時左右，那麼早已見一慈母正煮早餐給小女孩。交談後才得知她們來自保加利亞，女孩餓了，故慈母得早起弄點吃的。我們越聊越投契，我遂分享遊歷中見聞，她極讚嘆我倆竟可熬多回通宵車，我隨口吐着：「就是每次也能順利到酒店安頓，洗個澡後便生龍活虎地出動；豈像今回只能安頓於用餐區，幸能與太太你閒聊，心情才愉快些。」她即時說：「嗯，若不介意，你們可到我們套房梳洗呵！」我受寵若驚，遂聽到自己坦誠回話：「真的嗎？這實在太高興了……」「沒甚麼，我亦體會熬長途車後的所需，淋個暢快浴絕對勝一切。」結果，承蒙恩賜，這一個花灑浴該是我整趟東歐行淋得至眉開眼笑的！

事後一整天我還在慶幸巧遇這慈祥太太，可好友卻說：「我才洗得不好意思呢，人家或只說點客套話，你竟來真的……」我覺費解：「只單純的問與答，我感應到她的真誠，何需猜疑過多呢？」我遂問：「調過頭來，我亦樂意予人方便，你不會嗎？」見好友木訥着，我大概清楚答案了。

一大德曾開示：**接受中給予，給予中接受，乃一體大同之方向**。小事一則，足以反映：不願接受他人幫助的，大多源於自己也不樂意幫助別人。或過於自我，想到有求於人，等同凸顯自己是弱者。又或慣性想太多，疑心重重……這統共值得反觀與深思。做人還是直接點好，且學懂接受，才更懂給予，簡單一記「洗白白」，你又能悟到甚麼？

印度

一直提醒自己：
觀看的第一感，往往蘊含最高之藝術美。
—— Charles

《落日》

60 cm x 45 cm
Oil on canvas
2016

一切何用太執着

回頭細數，小妹首次踏足印度這片地，乃二〇〇六年，而這十一年內，已走訪過不下好幾回。老實説，遊印度既勞累且艱辛，每次離去時總斷言以後再不赴這鬼地方！可恨沒多久還是「心思思」，任誰幾句慫恿話，還是興沖沖地結伴直奔回去。直如旅遊宣傳標語：「印度，一個『不可思議』的國家」，若非親身體會，實難以想像其吸引力之深遠莫測。

於苦思狂想下，我大抵想到些眉目：「亂」乃印度特色，交通永遠混亂；若委託印人辦事，應有心理準備，甚麼速效、高標準需大為下調；但從任何的亂當中，同時亦窺見其亂中有序、從容不迫的睿智。任你再緊張、再情勢危急，每到三點三下午茶時段，所有忙碌人兒，均會放下手頭要務，輕鬆地呷口印度奶茶、嚼些甜點、鬆鬆筋。短短十數分鐘便夠大家好好充電，接續又重回崗位繼續幹活。看到這情景總叫我莫名感動。我們堪稱精靈一派，只懂每天拼命衝，心靈綳緊需暫停喘息，我們卻常忽略掉，唉！是否需多向印度人學習這平衡身心的竅門？

另外，印人像位位也樂天幽默，更愛於言笑間送你一些人生哲理。記得一回閒逛南印海灣的地道小店時，我看到一心儀布袋，價錢亦合理，但細看袋口像有點褪色，目光鋭利的我隨即開腔：「老闆，有另一個嗎？」老闆慢條斯理地端詳我及我手中布袋，不徐不疾説：「我家貨品多限量版呢，這個不是很好嗎？」我半皺眉：「哎呀，這袋口有點褪色呢！」他當時的表情與接着吐出的字句，至今仍令我難忘……嘴角微翹的他寬慰曰：「哎呀！若明天世界沒日，這個『褪色』還那麼要緊嗎？」

沒半點心理準備會接收到這類回覆，大多店主只簡單一句有或無，哪有拉扯到人生課題上的呢？我登時愣住，呆半晌還是忍不住大笑開來：

「老闆言之有理！」他仍端着一副智者姿態，剛巧到了下午茶時間，他熱誠說：「先莫考慮布袋事，來個忘憂奶茶吧！」風趣的他，已順手把熱茶遞給我，就這樣我倆便聊得不亦樂乎。於印度遊逛下，一路上給我碰着不少這類驚喜，光與平民百姓的互動已叫我目不暇給。當我老在執着這、緊張那時，他們總給我一副「大智若愚」的笑臉，像提示我一切也真的沒、打、緊；看深層一點，此「遊戲人間」的生活態度豈非更顯睿智？

最後你猜對了，我當然買下這布袋，並一直珍而重之，每每看着這「褪色」袋口，我總會心一笑……一切何用太執着！

與「甘地」有約

印度國父——聖雄甘地，不用我多說大家也清楚他是以一生，以個人之力抗拒專制、倡導「非暴力」主義，並成功帶領人民走向獨立之英雄。小妹遊印度其中一心頭好，便是到各地拜訪其博物館與故居，只想躍進時空迴廊，感受一下這位偉人的點點滴滴。於我個人而言，最為感動的莫過於他那一體大同的觀念，他一生致力尋求真理、尊重各宗教宗派；且貫徹並身體力行地以愛及和平教育人民，強調非以暴力達到一己之目的。光是這些特質，久已吸引着我，令我不惜千里迢迢要來個實地考察。

當走訪過幾所甘地博物館後，來到他於新德里的故居，本以為亦是類同的紡紗機或他的名言錄，豈料此回收穫的卻是另類驚喜。此所如他那樣平凡樸實的住所，甫入內已能感受到獨有的恬靜與祥和。當置身於其寢室、會議室，看着他的物件及各起居擺設時，彷彿仍能感受到當時的氛圍。

逛着逛着，遂來到一個介紹他生平事跡的展館，當我專注地看着他遇襲經過的圖文解說時，一導覽員殷切地上前詳述，她説得像當時身歷其境般：「於一九四八年一月三十日，他離開這個房子去參加一個祈禱會，他從來也不遲到的，但這回與部屬談論政事耽誤了，他遲了約五分鐘出門，故匆匆趕路，剛抵埗便有人上前問好，誰知那便是要暗殺他的極端分子，結果甘地身中三槍身亡。」我以往也聽過大概內容，但就是欠了「遲到」這一環，導覽員像猜到我心想甚麼，遂補充：「就是因為甘地知道自己會稍遲，才令侍從先到會場準備，這才致他一人獨行，讓兇徒有機可乘。」我愣住了，她強調：「甘地向來以守時見稱，因他尊重別人的時間，要他人久候等同浪費他人的生命！」

我不清楚導覽員是否跟所有旅客均鄭重聲明「遲到」這點子，又或是我過份敏感，只覺她是專程來提示我「遲到」的不是！我頓時耳際灼熱，竟帶點頭昏腦脹，沒想到於偶像故居可給我好好上一課……全因以往的我便是經常浪費他人生命的「自私精」！向來沒甚麼時間觀念的我，總依仗好友們寵我遷就我，故鮮有重視他人的時間，不知不覺漸養成遲到之惡習。但奇怪是當導覽員多次提及遲到這字眼時，像句句烙在我心上，迫我登時醒悟開來。

自離開甘地故居，我便立志痛改前非，老遠跑來給我有幸聽到甘地老師跨越時空的開示，叫我怎能不與偶像見賢思齊？從二〇一一年至今，我的確強執此「守時」的自我約章，好友們看我自印度回來便沒再要他們久候過，極感驚訝。我只含笑回話：「全因……與甘地有約！」

酥油茶的禮遇

旅遊的另類樂趣，大抵是那些從天而降的特別禮遇，永遠叫人喜出望外。日記內一翻，又一可愛經歷：那年於北印，一趟問路、一念「西藏酥油茶」，結果巧妙地走進一藏民校長家作客，這次的奇遇竟是從搭錯巴士開始。

我大致可預估，姑勿論已遊過印度多少回，但對於我這超級路盲與懵字派，任再遊上一百趟，搭錯車仍是等閒事。那年要到達蘭莎拉，全因我太惦記西藏的種種，七彩經幡旗、藏香寺廟、酥油茶等，永遠令人嚮往。可體弱的我，西藏回不了，只好到類似的藏地回味一番。而這趟我選的巴士是對的，可惜卻沒留意日子，總之又是撞了板。幸上天適時地派來一位見義勇為，提着餸籃的太太：「小姐，搭錯車嗎？這小村的巴士是要看日子才搭對的。」光是她仁慈體恤的笑容已暖着我的心，我隱約看到她額角刻着「救星」二字，結果當然是她領着我去找對的巴士搭。

於找巴士途中，我好奇：「阿姨，何解你英語那麼了得？我在北印鮮聽到那麼靈光的英語。」她謙遜道：「哪了得，幸家父重視教育，一定要子女唸書。」「但阿姨只買菜弄飯，這流利英語，不教書挺浪費呢！」她笑說：「我的確忙買餸，可還得打理學校。我是山下那學校的校長。」「噢！真失敬……還以為阿姨只是……」「沒甚麼，我們藏民守望相助，我只管辦好學校，為提高藏民教育水平出點力罷了。」我這西藏迷一聽到藏民，腦筋只會繫到「酥油茶」，竟衝口而出：「阿姨會弄酥油茶嗎？」她爽快道：「每天必備呢，明天來我家嚐嚐吧！」

要知道，被邀到家中喝茶，在印度是要當心的事。但她誠懇眼神叫我絕對安心，我自然不客氣於翌日赴會去。她家的整棟樓房立於學校園區一角，簡單雅致。甫入內便嗅到撲鼻而來的酥油茶香，我雙目放光，她趕緊令女兒端來熱騰騰

一碗，我看着手中物，簡直有飛回西藏的感覺。接着她丈夫女兒、嫲嫲、妹妹一家，全圍上一圈細看我這「老外」，各人對我極好奇；同樣我對他們在北印的生活亦很感興趣，結果兩瓶酥油茶的時間，我們已聊得不可開交。未幾嫲嫲體貼地弄上一鍋西藏餃子，硬要我填滿肚子，才放我回去。最後校長帶我參觀學校的宿舍、課室、操場，與一眾可愛學生拍過大合照才離去。他們或以為我是甚麼達官貴人，誰會料到我只是個貪喝酥油茶的路癡！

多年後想到這一切，空氣中猶像飄着陣陣茶香，校長陽光式笑容仍印於腦海。此天送驚喜，就如獨特的「酥油茶」，總令人心馳神往！

心強能勝一切

恐懼，也許或多或少於不同的人生段落，皆暗自出沒於心底，甚或積存於心深處，偶爾於你一不留神之際，便肆虐亂竄。很多朋友看我一直像膽大包天的「勇字派」，鮮能想像我自小乃「行前怕後」的膽小鬼。雖對童年沒甚印象，可「害怕」的陰影常歷歷在目。猶記得當我小時候明白甚麼叫火警後，竟獨自惶恐着，那恐懼感直像滴在湖中的墨汁迅速蔓延，但卻不敢與長輩傾訴，最終還暗自演習如何「走火警」：包括怎極速打包心愛玩具、選哪逃生路線、若與家人失散該投靠哪死黨等等，此由恐懼誘發而來的獨腳戲竟可盤踞腦海良久，更不時於夜闌人靜時，暗地在搬演，這無聊但卻惹笑得很的兒時慌張妄想症，恐怕折騰自己近整個小學階段呢！

大概此腦內排練真夠磨人，一天找來班主任求救，她聽畢我詳細描述那「火警逃生術」後，難掩笑意，但也盡力開導：「當然你年紀小小已懂這考慮確不錯，但要知道，**絕大多數的恐懼是自造的，實際發生的機率可不大**；恐懼只是想像……而非真實，更不值得讓此奪走你快樂輕鬆的日子呵！」老師的教誨給我莫大警醒，我開始學會多加觀察，的確至今為止，火警確從沒找上門來，到頭來才醒悟那牢牢態抱着的恐懼果真是我憑空想像的。

可這經驗卻相當珍貴，皆因我清楚看到恐懼神出鬼沒，若能於其剛冒頭角時便立馬阻止，不讓其蔓延，不給丁點恐懼感有毒害心靈的機會，即能撥亂反正，這才確保時刻處於無污染的和諧心境。當然此需用心練習，但只要提高警覺，於人生旅途中實習的機會着實多的是，而近年較經典的莫過於那北印「達蘭莎拉」之旅。當時遊此地則只我獨自一人，因好友已遊過了，故大家相約於東印匯合。而為了省旅費，我便找了所離市中心約二十分鐘腳程的客棧，心想每天這樣來回走走好訓練體力呢！

記得打從第一天起，每當於客棧吃飽早餐後我便大踏步，扛着背包頂着驕陽往市中心出發，沿途需經過一條迂迴的車路，此乃通往市中心的必經路，靠山而建，一些路段樹蔭婆娑，一些路段卻碎石滿佈；印度嘛，好歹是一條像樣的柏油路已叫大家滿意了。我是愛走路的，能以雙腳丈量每寸異地、聽着沿途的鳥鳴、嗅着路旁的花香、間中與驢馬爭路、或與路人點頭問好，這二十多分鐘已夠我樂半天了。此亦成了我每天最期待的醒神節目。

可走了出去，晚上自然需走回客棧，但得我一人走在幽暗寂靜的車路，會否有點甚麼？沒錯，於首晚我回程時，那久候的「恐懼感」便來趁機突襲。先是感覺那忽爾驟來之晚風倍添寒意，且吹得樹梢呀呀作響，於忽明忽暗路燈下更覺淒厲；樹林中還不時傳來蟲鳴或夜貓亂哄一番，直令心慌膽戰；間中一兩條野狗於身旁擦過，彷彿牠們也怯於走在死寂路上。怎説也算野外嗎，會否跳出狐狸、野狼或山豬？……明顯心裏寒慄感直線飆升！

不得了！眼見恐懼漸露頭角，不能大開中門迎其入內呵，須立令猛力關門！猶記得當時我確於心中大聲喊着：「恐懼小鬼快閃！此路乃是我

白天最愛走的，沒道理換上黑夜卻變得恐怖兮兮，此果然又是『自己嚇自己的把戲』，我才沒那麼笨。此路仍是我愛走的……我選擇走着每步也平安喜樂，完全沒甚罣礙！」我刻意合上眼，把先前不良感覺一併打包踢走，遂笑着張開眼，重新給自己再環顧四周。嘩，恬靜舒坦的大道給我盡享，微風輕拂耳際、朦朧月色倍覺詩意、蟬蟀伴奏、活潑貓狗也來護駕，我才不愁寂寞呢！看，一個急轉念，立見如仙似境的夜色圖，我遂領着此美景，心中哼唱歌謠邁步歸家去。

當一晚兩晚三晚如是這般披星戴月地走在同一路上，我心更壯。偶然迎面衝來一兩個神色緊張的途人，他們見我樂在其中地享受着走路，總滿臉問號，我還是一副氣定神閒的模樣。恐懼？又一次給我徹底擊敗了。而當我到下一站與好友匯合時，她一聽我説獨自夜行此徑一週時，竟張口大叫：「天呢！你不曉得此乃搶劫旅客熱門之路，你竟一人大膽走足一週？」「我……我的旅遊書可能過時吧，嗯！難怪路上行人皆怪怪的，他們定覺我『膽生毛』，哈哈……我還不是照舊好好的？下回編排行程多加注意路線安全便是了。」不過經此一役，我更堅信心強能勝一切，不是嗎？

韓國＋日本＋土耳其

古樸屋簷與參天大樹，
把簡單小巷襯托出另一番風味。
—— Charles

《小巷》

50 cm x 35 cm

Oil on canvas

2014

不老門

某年到韓國，一天我無意中於地鐵看到傳說中的「不老門」，當然二話不說便走過去，之後昂首闊步、大聲疾呼：「太棒了！有運走過此門，從此不老矣！」同行友人白目着：「這就能不老？如此簡單的話，秦始皇便不用煉丹、世人亦不必瘋了般防老啦！」雖被好友嘲笑我那近乎「白癡」的想法，我還是竊竊自喜，並堅信自己走過此門後定能……青春常駐！

朋友，我想說的是……老不老，是心境，而非外貌呢！為何我能篤定青春常駐？因我堅持為自己保有一顆鮮活的心！很久以前我便開始觀察，不少人慣性在舊記憶中打轉，永遠愛盯着過往誰的不是、那個誰曾開罪過自己、自己曾多麼坎坷等等；於是積怨積上癮，言談間總要拉扯到甚麼陳年舊史上，苦回顧空添愁。唉！心想位位俊男美女，虛有其亮麗外表，卻不自覺地提前「心靈老化」，何其不智呢！

在觀察多了成年人後，偶爾我更愛觀察天真的小朋友。純真的他今天與隔鄰的小孩爭過玩具、打過架，可一覺醒來，翌日全忘卻，一碰面又是興高采烈地玩作一團。小朋友只單純的處於「當下」，溶入「當下」與法流自然脈動，故如鮮活滾動的溪水，時刻充滿動感活力。而相對於緊執着「過往」的成年人，總愛把自己停留在過去狹窄的世界空間內，結果堆堆固有的觀念知見、積怨憤慨便像頑石堵塞住溪水，於是溪水沒能滾動，漸漸隨時日而形成「一池死水」。擱在一角的死水開始放出毒氣，這不難想像為何有些人一開口直如「臭氣薰天」。沒辦法呢，經年處於一潭死水，青春活力早已流逝，憂悶鬱結不斷衍生，心靈綑綁結痂才是「老」的由來。

記得曾於山上巧遇一高僧，年過七旬的他笑得比小孩還活潑，他叫我猜其年齡，任我怎看還不是五十來歲吧，他笑聲劃破穹蒼：「我愛把尾隨的『零』字省掉，只保留前面的『八』字，

現八歲的我活得更像八歲小孩呵！」我兩眼放光急問其青春秘笈。**「每天歸零吧！每晚睡覺便把當天一切包袱卸下，法界慈悲每天給我們『重新』的機會。**你停留在過去，生命便萎縮，不再成長更新，往往人們的『故步自封』才硬把自己『老』起來。」他的笑靨燒烙我心，恍然大悟的我笑着下山。

從此抱着這青春錦囊，時刻自我警醒：不要讓心靈長滿皺紋、未老先衰；真的要「歸零」，每天醒來便是重新開始，以新鮮的生命時刻不斷成長，如滾動流水直奔向前，笑走每步。你看，連「不老門」也給我糊裏糊塗走過了，「不老」不難呢！

學會低頭

記得當年一印度瑜伽大師曾語重心長曰：「蘊涵着三千多年歷史的古印度瑜伽體系，其學問與哲理博大精深，無論是靜態打坐或是動態式子，均能讓你身心與天地合一。當你們重返鬧市打拼時，請藉着每回的瑜伽練習把自己與天地銜接，你的靈魂才得以滋潤、智慧才能與日俱增。」老師此教誨自十多年前便一直烙印腦海，那回是我首次到印度參加為期一個月的高級瑜伽導師訓練課程，回頭一看，當年所學原來早於心中埋下善美種子，待因緣時節方來開枝萌芽。

說來可愛，我這學甚麼也只有三分鐘熱度的貪玩鬼，竟從小對瑜伽莫名地尊崇着，自十多年前一頭栽進去後便沒有一刻離開過。縱然以往東奔西跑日夜埋首工作，仍不忘持續練習，大抵是引證了老師所言：越是身心疲憊，越能從靜心修習瑜伽後迅速充電，皆因要修補靈魂，相信沒甚麼比從天地中汲取靈氣更快見效。

漸漸地到了近年的四出遊走，我更心生一念，就是飽覽過當地名勝後，便找處特別景點來一下「攀足式」，等同於大家的「到此一遊自拍」般為自己與當地來個另類紀念。忘了哪年起自日本沖繩、台灣淡水、法蘭克福、布拉格、布達佩斯、薩拉熱窩、至近年的克羅地亞，也同樣於遊逛中來一記攀足式。可間中於顛簸旅途中累過頭而略有阻滯：不是心太急、骨頭不聽話、便是腰太硬，心頭還愛胡亂控訴：「這式子弄過一萬回，怎會感吃力？」於是死命衝着做，雖叫勉強做到了，但慣常的自在感卻大不如前。

到了近日，被些不如意事煩着，故當如常作攀足式時，那不自在感又再湧現。而今回卻適時憶起另一大德的開示：「只要你身心

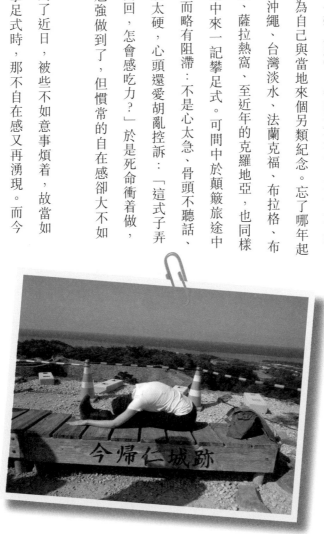

柔軟，定無事不辦！」我像當頭棒喝，對！是我欠恭敬心呢！面對宇宙穹蒼，我算老幾？豈容我惺惺作態？於是我再一次看到心中那善美種子誘導我看清自己需糾正之處，我微笑着再做一回，雙目微合，心中默念：「吸氣，一直往前伸展，向下推移……我是謙遜的，我不住懺悔，小我怎能不臣服於大地……噢！我是柔軟的，再伸展些，頭到地面了，一直往下推移至完全與大地緊緊接連……到了，我回家了！」

這回體會震盪心坎：越是身心柔軟，越能感受到浩瀚宇宙之偉大，大地的包容。原來簡單的攀足，無非一直在提醒我……要柔軟、要學會低頭、要如「水」般能甘於處下、虛懷若谷才能學習大道之雅量寬宏，放下身見我見，才能找到回家之路，才能真正與天地合一。放下方能擁有無限，一切無不從「低頭」學起！

煮盡天下廚房

多年在外旅遊，每逢於一地駐足良久，便總心癢癢地惦着自己的家鄉菜，相信長期在外跑的朋友們或有共鳴。一來是外地食物未必合口味，即使是地道佳餚，要接連日復日地品嚐，自然落得乏味沉悶的慘淡下場。二來是在外滾動時，脾胃對街吃像去到某一極限便產生抗拒感，只想來頓「住家飯」，回歸那種天然素材炮製的簡約料理，這大概便是「淡中知真味」的心內訴求。故歷年來外遊時但凡停留於固定地逾一週，我多會自備烹調的種種，就這樣我便不知不覺……有幸煮遍各地廚房！

屈指一算，小妹曾闖進過的廚房包括日本、北京、台北、馬來西亞、北印、加拿大、土耳其及近期的薩拉熱窩。原來不煮不知，要於一新環境，快手快腳地弄好幾道家常小菜，其挑戰並非等閒。因於短時間內要學懂鎖定賺價超市、留意時令素材、及精打細算地預計好不多不少的各人各餐份量……這一切還真需絞盡腦汁呢，但多年下來，我仍樂此不疲地越煮越勇，全因當中確平添不少刺激與樂趣。

記得多年前住日本好友家，逛超市竟成了我期盼的節目，每隻茄子、番茄、馬鈴薯也整潔亮麗地立於貨架上向我招手，看着已叫人心花怒放。而首回下廚的狼狽狀至今仍覺惹笑非常，就是找了老半天……也找不到菜刀！真的是每一角落、每一抽屜也查看一百回，就是不見任何刀的蹤影。最後只得羞着臉致電好友。唉！原來為免地震時發生意外，故日本家庭多把刀置放於廚櫃門後的小木框內，這樣怎震也不會利刃橫飛。雖被好友笑了一夜，我這大鄉里還是高興能長見識。

接續於北京、北印、馬來西亞卻給我遇着另類的街市，買瓜買菜是用「喊」的，更學懂議價及必備手拍，因走出市集，總是髒兮兮的，

如打了場仗。而於土耳其那次更是大考驗，一天友人令我弄幾道特色中國菜以宴客之用。一聽心裏發毛，我勉強弄給自己吃還可，豈敢班門弄斧？但賓客將至，我只好邊唸經邊賣力：想弄「茶碗蒸」，但又沒合適小碗，最後以大湯碗上陣；友人愛沙茶牛肉，可我不吃牛，只好胡亂估計地調味；聽說麻婆豆腐夠特色，但土耳其哪來豬肉？結果我也忘了拿甚麼取替。再來個中國風的冬菇豆腐粟米羹，這我才知道土國豆腐是要上網訂的。最後多得老天爺力撐，讓賓客全大快朵頤，總算沒給我丟了中國人的臉。

漸漸地越遊越想煮盡天下廚房，來看看自己能否靈活取材、隨機應變嘛！能於挑戰中不斷學習與成長，此旅遊中的另類「修行」還真不錯吧！

世間始終美好

近日收到一好友分享於澳洲旅遊中的碰到的好心人。她詳述：「那有想到天朗氣清的碧天，穹蒼忽然像裂開一缺口，倒下桶桶彈珠般『冰雹』。我與丈夫像兩條可憐蟲蜷縮於小雨傘下。若度假卻被冰雹擊斃，真有點過意不去！當我正胡思亂想之際，見一巴士慢慢移近，原來司機覺我倆狼狽萬分便好心地前來營救。」我接腔：「最後善良司機為保旅客安全，還把你們車回酒店呢！」「給你這『半仙』全猜中，以往常聽你説外遊時屢遇稀奇事，總猜想……真的嗎？如今給我們遇到，原來世上真有這等好人好事。」我笑得更燦爛，被她這一説勾起思緒，隨即聯想到上回遊土耳其的「卡帕多奇亞」時，亦巧遇一等一的善心人。

那回首次一人到訪此地，甫到埗便被四周的奇趣石屋、嶙峋山貌吸引着，當時的我如登仙境，完全不能自己，眼見甚麼別致的山洞或瑰麗景色，便一個箭步衝着去，簡直忘了血肉之軀是有極限、是有疲倦的可能。一天遇上一遊客大嬸，她提點曰：「登上那邊插紅旗的山頭，才能俯瞰全鎮景觀呵。沒登上此峰，怎算來過？」一聽我心癢癢的，旋即便朝着紅旗登山去。

朋友，真的不要單純地以為「眼能見的，便必能到」！沒錯，眼底鎖住紅旗目標準能抵達，看上去亦不覺是遠距離的，可爬行了近個多小時，這面紅旗仍像遙不可及。揹着毒熱太陽的我越走越洩氣，最難過是周邊人跡罕至，連野狗也躲於樹蔭下給我白目，像在譏笑一傻瓜膽敢於烈日下爬山呢。此時一電單車從身旁駛過，狀如街坊的大叔停下車關心問：「小姐，大暑天沒人像你這徒步上山的，要嗎我順道車你上去，你要觀城鎮全景嗎？」明顯任誰也看出我這副殘軀絕沒可能成功登山的，大叔必是天遣的救兵，二話不說我便躍上尾座伴風登山去。

呵！坐電單車登山才愜意得多，完全不費勁便盡覽沿途景致。原來大叔剛巧要登山找朋友，我倆聊着聊着瞬間已抵紅旗山頭。大叔豪邁曰：「你在這逛逛及拍照吧，我二十分鐘後探完朋友再回來接你下山，用腳走……天黑你還在山腰呢！」傻瓜我只管傻笑頷首，大叔直言多年來已接送過不少像我這類「以為有腳便萬能」的天真旅客上下山，反正他順路登山，幫大家一把，也望遊客旅途愉快。

大叔那善行簡直成了我此遊窩心之最，及後每當想起土耳其，他那俠客風範足以令我遍體生溫。朋友們，請相信世上仍存在着不少好心人，請相信世間始終美好，而重點是：請先齊來當個「好心人」吧，因地球是……圓的！

台灣

狼藉一片的飯桌，構圖與色彩相互配合。美，存於每一角落！

—— Charles

《凌亂美》

80 cm x 55 cm

Oil on canvas

2015

與媽闖天下

好友們，你或會認同在外旅遊時，與你結伴同行的這個「伴」，對你整趟遊歷佔着極其重要的戲份。事關每天朝夕相對、甘苦與共、遇着突發事時的個人反應與承受尺度各人不一，箇中的配合、體諒、包容與忍耐必不可少。於我而言，幸於過往遊歷中，有着不少寵我的旅遊伙伴，大家不用費心力作磨合已甚有默契，故每段歷程皆順暢非常。

但也許人安逸慣了，便想挑戰一下自己，又或是當因緣湊合，便順理成章地讓故事自譜出來，我這回的決定曾一度叫眾好友瞪眼；不少更連聲追問：「真的嗎？？你像在挑戰極限呢！」「此舉其實很值得表揚，但你這副德性……自由慣了，時刻急轉彎，稍為愛秩序，有規範的人或許吃不消呵！」哈哈，我永遠堅信一切還是「事在人為」，凡事皆有無限可能，得揭曉了，我今回的超級旅伴便是……我媽媽！

當然很多人也有與雙親出外暢遊的經驗，像不是甚麼高難度動作，何故我會形容得如斯險峻？就此我得先交代一些背景資料供大家參考。我年少時便離家，獨自在外打拼，算一算與家人真正相處的年頭，前後拉扯才十多年，故彼此的了解度着實不多。且我這不中用的腦袋，對很多兒時往事已一概淡忘，我是深愛家人的，但就是沒緣份共同經營生活，這斷層讓我不大了解家人的實際生活細節與習慣。

而說回媽媽，在我僅有的認知，媽媽絕對是一等一的賢妻良母，但或許經歷過「挨餓挨窮」的歲月，負面思想日夜盤踞着，人自然處處防衛，凡事總會往壞處想居多。而更難搞的倒是其固有的一套生活模式，能當上長者這尊貴頭銜，往往意味着：「我吃鹽比你吃飯多，我這生活哲學已活用良久，無堅不摧呢！」當你有所質疑時，她趕緊捍衛，眼神像在說：「黃毛丫頭，休想干預我這神聖一套！」比方如衣服要怎摺疊、進餐時碗筷要如何擺位、瓜菜要切成甚麼形狀……全有固定形式與守則，我曾幾何時企圖建議些更輕鬆便捷的處理方法，結果唇槍舌劍老半天，還是攻其不破。故我這慣性亂來與隨遇而安的個性，自然與之格格不入，懂我個性與見識過我媽那鐵般框架與思維方式的朋友們，無不異口同聲贈我一句：「祝你好運囉！」

為何我要策動「與媽闖天下」之旅？主因是自爸離去後，欲帶她出外走走；同時亦望成就一段我倆難忘的遊歷。三週多的旅行，果然如期地「難忘」，亦大抵比任何攀山涉水還要嚴苛百倍，但卻極有意義，因回頭細看，整段旅程無非是給我真修行！

得強調，對於一個長期沒跟媽媽相處的我來說，走着的每一步皆誠惶誠恐。惟恐旅程安排不周，叫媽乏味；又生怕節目過多令她吃不消，最緊張的莫過於朝夕相對之考驗。我這不理世情胡亂出牌的「即興類」碰上這典型規範化的「頑石派」，幾近每一事項皆有南轅北轍的各自據點。

媽強悍的口頭禪：「唔係」……「但係」，最初快把我迫瘋呢！任憑你開口說甚麼，她第一回應便是「唔係」，到你解釋清楚，她漸拜服於道理下，卻又回贈一句「但係」，表明怎也不願接受。我遂多加觀察，留意到她多疑外，更質疑自己的能力，故於欠安全感的前提下，便形成慣性的抗衡心理，而表達出來的行為便盡是否定與排斥。

要協助媽逆轉惡習，最直接的便是引導她自己找答案。最經典的一則便是她認定長者誓要枴杖傍身。「眾長者均撐枴杖的！」媽只提供這類薄弱理由，「你根本行動敏捷，不是人撐你便撐的嗎？」當然我理解她欠的是信心。「好了，來到台北，住處旁盡是寬敞步道，我跟你並肩走，無有怕！」我遂取去枴杖，令她與我穩步同行，一切還是好端端，只是依賴慣而已。媽看當真如此，漸信心滿滿繞足整圈步道才折返。從此她便捨枴杖，昂首闊步每一天。媽這類口頭禪：「唔係，有枴杖可靠些！」「我知，但係慣了改不來！」經此一役後，便大大起了革命性的突破，因是她自己走出框框的，這比我游說一百回更奏效。故往後每逢聽她又吐出甚麼「唔係／但係」，我只瞪她一眼，她便笑着閉嘴了。

「為何台灣人愛嚼檳榔，明知有損健康？」

「嗯，快看這醫院外輪椅上吊點滴的男子，還在拼命吸煙，簡直不要命！」媽於台北街頭看到以

上情景，均慨嘆不已。靈機一觸，我旋即說：「是呵，任誰也知道檳榔或吸煙，極傷身；那麼負面思想、恐懼擔憂、終日抱怨這一籮筐更損健康的心靈毒藥，媽你為何還時刻在服？」這記當頭棒喝，媽愕住了，我總結着：「以後但凡集結負面情緒時，請緊記此檳榔與吸煙病漢的提示，你慣性抓緊的毒不比他們輕呵！」媽終聽進去，像小學生般乖巧點頭。

而一天照舊在修理她時，忽地看到自己同樣在發脾氣、納悶與執着……噢！我也狂吮檳榔毒呀！方才恍然大悟：當我拼命改革他人時，竟忘了自己要修正的惡習、我慢、我執亦不少，原來一直……「賓主」不分的是我這愚癡。媽，才是給我機會「真修行」的大菩薩呢！

和樂匙扣

每逢拜訪道場或佛教園區，我慣常愛買一些小掛飾或小擺設等精品，總覺沿途遇着哪個有緣人，便可借花敬佛，與之結個好緣。間中友人好奇：「嘩！買那麼多大件小件送誰？」我自會故弄玄虛，揚眉曰：「他日的有緣人！」說實在，也蠻愛這小玩意，因緣和合時，禮物自會跳到新主人手中，我亦樂於充當這送貨員。

記得某年於台北法鼓山，看到一大樓幕牆刻着四個大字「和樂無諍」，心頭為之一顫，像在提示我遇衝突糾紛時，宜稍停步、勿衝動、免爭鬥，才可至和諧安樂。若能臨崖勒馬，學會大事化小、小事化無，令天下太平，莫散播負能量等毒素於虛空，造成惡性循環，首位受益人原是自己呢！而當看到一木刻匙扣刻着這「和樂無諍」標語時，自然旋即成囊中物。更可愛的是，我又一次奉老天旨意，替匙扣找到主人，將之送到摯友小甲手中。

小甲事業有成，站出來盡是一派意氣風發的模樣，但凡事力臻完美的高標準作風，常與合作伙伴不咬弦。若遇着頑強同事，兩句不順便怒吵開來。雖近年他潛心修行已稍見改善，可偶爾還是按捺不住地「火大」。久別重逢，我便順手挑了這木刻匙扣送他，當時還語重心長說：「你看這三小圓木，多別致！願你也能像它圓融通達，和樂無諍。」小甲只唯唯諾諾表示「收到」，可一週後再聚，他竟興沖沖要發表甚麼叮一聲的領悟。

「那天回家已馬上拿來用，可用上兩三天總覺鑰匙在背包內常『乒乓作響』，令人不勝其煩。一天我細意觀察，發覺兩根鑰匙，被我串在一邊，故容易產生碰撞而乒乓不斷。噢！我真笨，匙扣這三環圓木不是讓我用來分隔的嗎？以小圓木隔開兩根鑰匙，有了距離空間，便少了磨擦呢！這原是『和樂無諍』匙扣的設計含意吧，我竟懵懂不知情。我遂把兩根鑰匙重新夾於三片圓木之間，從此再沒硬碰，真的達至『和樂無諍』。」看小甲激動分享，真有說不出的感動。

「那你從中悟到甚麼？」他溫柔回話：「這木刻匙扣現時刻提醒我：但凡與他人意見不合，怒火飆升之際，馬上要把自己隔開來，當下容許多一些空間，讓自己調順慣性衝動，再冷靜客觀地反省分析各方面。若各持己見，也好該以平和語調表態，同時亦要尊重他人的看法。近期我已不時演練，有了這『圓木心態』作間隙，不再動輒『乒乓』起來，與同事的關

係果真和諧多了。真多得你送我這『和樂』匙扣呢。」我莞爾：「不用謝，我只送貨而已，
請繼續和樂、無諍下去呵！」

櫻花眼鏡

三月份的台北，乃當地人不大喜歡的「黃梅天」，街坊們不住吐着晦氣話：「幾近一個月雨下不休，牆壁地板像冒汗式滲水，器具東西半黏帶霉，就是連人也拖至了無生氣般遲緩呆滯。」去年我算走運能親身體會到。雨傘長伴是必要的，倒是天氣之乍暖還寒確令人感頭大。昨天暖和非常，春裝短打已搶着登場；今天卻氣溫急降，羽絨毛衣又忙張羅着。早晚溫差大上大落，一不留神即易染風寒，這才比濕漉漉的街道及灰濛濛的哭天更惹人厭。

而下雨天，走在台北狹窄的弄巷變得極具挑戰，人們肩摩轂擊地以龜速蠕動，少點耐性也不行。可間中還穿梭些摩托車或貓狗，情勢便難堪得多了。摩托車多是不理好歹地如風飆過，於是車輪軋過低窪水坑而激起的水花便平均攤分給途人。沒懂撐傘的貓狗急着避雨時竄得更兇，結果每逢狼狽的小貓小狗於身旁跑過後，被濺得滿身污水便是意料中事，除了搖頭苦笑你還可以怎樣?!

說實在，面對以上的小問題，我倒能豁然開朗地迎戰，身心準備好便踏實多了。可笑是

不約而同，香港與日本好友卻找我訴苦，從電話對頭報告各地連綿不絕的雨天皆令他們吃不消。我只得代天宮說些好話：「唏，太陽伯伯也如你們上班族需放長假的。況且，若沒雨水，一鬧旱災你們還不是叫苦連天？耐心點，雨後終有陽光的。」日友仍不悅：「兩週多天昏地暗，總覺鬱鬱不歡！」我心想這是人的問題呵，同樣望着灰天，我心情還蠻好，你自己不調校過來，怪不得人！

眼看日友還在喋喋不休，我便躲進咖啡廳閣樓內小歇，順便避雨。邊聊着手電，我邊從玻璃窗望出去，平白天空中竟添了片片櫻花！奇怪的是，我的心突感陣陣愜意。噢！只幾片窗上櫻花貼飾，便襯托出截然不同的世界。這讓我聯想到人們常説：當你戴了有色眼鏡看世界，所有你看到的景物皆隨着變色，而你往後的判斷便有所偏倚，這固然未必是好事。可靈機一動，當我心情低落時，若能調過來：選一副令我一戴上去看外物便心花怒放的眼鏡，這未嘗不是樂事。

我急着告知日友這大發現：「有計！但凡雨天感鬱結時，便找副櫻花眼鏡戴出外，保管能令心情靚靚。沒把握掌管好自己的情緒，便得為拯救心情想辦法呀！」好友聽畢我的偉論後持續狂笑，亦虧我如此妙想天開。我堅持 why not？反正就是這「櫻花眼鏡」，於鬱悶雨天，倒叫好友笑了一個午後……我決意收起這秘技，心情欠佳時，即時戴上「心中的櫻花眼鏡」，定能令我看到明媚晴空！

你確定你不在夢中嗎？

往返台北多回，這幾年慣常躲回同一住處。住慣了一社區之好處，便是漸漸地讓親切感蔓延。當你與周遭氣場脈動一致時，像整個社區已接納且照顧着你，縱然這只是我一廂情願的想法，已夠我自在逍遙了。常憶起師父的話語：法、遍一切處，能否覺察到便取決於心鏡之清淨度！這大概是我這回離去前最深的體會。同一條回家的路，來回走上數十次，但就是一直沒看到這大大廣告牌，直至最後一天！是我瞎了？還是一直視而不見？第一眼看去，只覺是幾隻可愛動物，但為何這隻貓科動物神態有點像我們……再看其標題：你確定你不在夢中嗎？登時愣住！是在跟我說的嗎？……

「你確定你不在夢中嗎？」我、我、我……真不能確定！交通燈旋即閃動不休，身旁途人擦身而過，可我仍動不了，只對牢這空中啟示定格於此，一面熟大嬸路過時說：「有甚麼好看？這懸於此幾近一年，才得你看那麼久，我們街坊們也不知它賣甚麼廣告呢……」我笑說：「我也不知，才呆在此思索呵！」待元神歸位後，我匆匆拍下一照便繼續上路。

每天必經之路，看不到就是看不到，可因緣到時，自然給你指引。無巧不成話，幾天前還跟好友在談論有關夢的一切。「夢境多逼真，每一感覺完全與現實無異，有時真弄不清夢境與現實，哪才是真？」好友自言自語後遂跌入沉思中。我當然體會這無解之惘然，從小讀着「莊周夢蝶」已叫我思緒亂飛：究竟夢醒時是真的現實、還是所處的現實……到頭來才是夢中夢？長大後開始鑽研經典，方清楚自己還不是貪瞋癡俱全的凡夫，不消說也了知自己是活於「顛倒夢想」中，只望於精進修行下能早日「醒過來」，故老

實說怎會不知道自己一直在大夢中呢，只是未能大徹大悟而已。

好了，以我粗劣的根器，明知難以覓得答案，自小已懂穩健行事，既然搞不清孰真孰假，便立定心神夢裏夢外也貫徹地用心活好當下角色，那自然萬無一失吧！猶清晰記得一回在夢中碰到些惡行與受着利誘，當時的我所把持的基準還是緊循師父日常之教導，我仍能不慌不亂地以「諸惡莫作、眾善奉行」為大原則，於夢中好好處理着。當醒後發覺只是南柯一夢時，還是相當欣慰。

到現在雖仍未弄清這廣告牌是賣甚麼東東，但這已無關宏旨。心頭的感激久久未退，感動於每逢我稍有迷失時，必收到天送的提示：夢裏夢外的每一「當下」，皆要盡心活出自己的生命意義，但結果如何倒無需太在意，因畢竟你我……皆在夢中呢！

人生為何、生死大事……
看透了嗎？

二〇一〇年 夏 尼泊爾 加德滿都（Garden of Dreams）

尼泊爾男生篤定說：「帶你逛了那麼多神廟古蹟，你該膩了，來這『夢之花園』坐坐，必給你一點新鮮感。」果然，一步進這古意盎然的優雅勝地，心已舒展開來。於喧鬧的旅遊區卻隱存此恬靜花園，實屬難得。「『夢之花園』，很美的名字呵！你有何夢想？」我這簡單一問，已夠大家忘我地聊上一個午後。

夢如人生，人生如夢！未知他的夢想能實現多少，數年後的一回大地震，或許把他與他的夢也一併帶走。我再也找不到他了……

《靜慮》

120 cm x 90 cm

Oil on canvas

2016

靜而後能安、安而後能慮、慮而後能「得」！

—— Charles

人生加減法

很久以前，曾看過「一輩子、三萬天」這說法，與好友議論下，不由得拿計算機來按一按，好友驚叫：「嘩！30,000 / 365 ＝ 82（年），好命的可活到八十二歲才享有此三萬天呢！」我聽畢她這大發現後，木訥着，還來不及回應，她即有感而發：「難怪，老媽常慨嘆有得吃便吃好些了，『吃一餐少一餐』，如今光看這數字，確深明這倒數機制，任你是壯年三十五，也不過剩一萬多天，人生可真短暫！」

其後我不斷咀嚼那句：吃一餐少一餐的深層意義。猶記得兒時從餅乾罐取出心愛餅乾，感受着那「嚼一塊少一塊」的惋惜與不捨之情，叫人神傷。自此像洞悉到倒數觀念確有點那個，再加上若以我半年大限來看，當一百八十天放在跟前，更凸顯這「減法」的壓迫感。故從那時起我便決意棄「減」選「加」！

當年我強化自己的心念便是：能活一天，便真的多賺一天，直如生命存摺又進帳多一天般叫人振奮。尤其於我這種「倒下可能不起」的玻璃人，活着就是奇蹟，就是恩賜，就是殊勝的難得！故當我採用這「加法」心念後，寬慰多了，每天笑盈盈的「賺了」嘛！但對於這多賺來的生命，我漸漸開始有不一樣的感悟。我曾分析着：「當老闆決定冗員去留時，必衡量其業績表現，對公司營運有利的，自然能保一席位；而無所事事的，好該被淘汰。以往我只管賺錢向上爬，那我對世間有貢獻嗎？要留下好歹也應多點建樹，至少叫老天爺甘願給我續約吧。」於是我四出遊走之餘，便開始嘗試各義工服務，有甚麼慈善活動、公益事務便爭着參與，看哪些較可發揮自己的專長。

說來奇怪，做着做着，於投入服務當中，讓我真切感受到：可以幫助別人是多麼幸福的一回事。於付出的當下，原來自己才是首位受惠者，全因感

受到那種純潔的大愛在默默互動着，像看着一股漩渦暖流迴轉環抱着自己一樣，那份喜悅才是無價的收穫。故發展下來，我早已忘卻當初那小裏小氣的自我盤算，生命合約能延續與否相對變得微不足道。因每天盡心投入服務，這滿滿的富 足感已勝一切。能活至何年何日？我已不放心上，因耳際時刻蕩漾那句：「**有福之人，服侍人，無福之人，人服侍**」。

時至今天，我仍感恩於這「加法」心念，並感恩能覓得這享用每天的妙法。現每天睜眼，無論是晴是陰，心頭總感到一陣溫熱、一股衝勁、一種期盼去探頭窗外繽紛世界，並熱刺刺地忙着送暖傳愛予十方，盡心賣力去服務、活好當天……活好這額外「加」給我的每一天！

成功是甚麼？

當我為自己確立好這棄「減」選「加」的心念程式後，的確無往而不利。粗略一算，我大概多賺了四千多天呢，想想已不禁竊竊自喜；且正如口袋空空的窮小子，對賺回來的每一分文必特別愛惜，將每一天更細意呵護；相對於一些滿以為有無限光陰可揮霍的富家子，莫說一天一季甚或一生，則讓之任意流走而不以為然。故當你採取哪個陣式出發，沿途感受與收穫將大相逕庭。

誠然，如今的我與十年前相比，基本上是判若兩人，因我現已調校至以「一天」為單位，看事物的角度與觀感自當截然不同。現偶爾看到些朋友，為生活上的瑣事煩心惱火、或與他人有所爭拗誤會而終日愁眉深鎖、又或硬要搬演些陳年舊怨來刺痛自己，我總覺感慨萬千，因像瞥見「過往」的自己……我何嘗不曾是這類剛烈一族？當年同樣只懂繞着些人我是非不斷自我燃燒，把珍貴一天、平靜心境白白賠上仍覺理所當然。現一切重複捲入眼簾，當然體會到寶貴一天在咆哮抱怨中錯耗掉，是何等不智！

真的當一路走來，無不了然於心。故但凡看着好友們埋怨後喘息回氣時，我多會輕言安慰：「我過往也慣常怒髮衝冠，但每當我想到……若我只有一天的命，我還會甘於浪費在抱怨或罵人嗎？明天或死神，哪個早來，你我無從得知，但掌管好自己的『心』，起碼是我可以話事的呢！」好友們往往聽畢，像當頭棒喝般驚醒，我遂補充：「當然偶有動怒或不快，乃人之常情，但應緊記時光之珍貴；勿讓煩事繞心頭，繞至習以為常地奪去難得的一天、以及一生，勿因小失大呢！當你為眼前惱事耿耿於懷時，問問自己：若明天不來，這事仍那麼緊要嗎？仍該死抓着不放嗎？」

以往目光如豆的我，總把「成功」二字緊繫於名利權位，無論追到再多的「有型」物質，所謂之成功感充飢片刻，則如夢幻的七彩泡沫，捉到手又快速逝去，心底像開了洞般永難填滿。但當我逐步把視線往內移，發覺心靈平安富足才是一切，故我的成功定義得重新釐定：今天活得比昨天好，活得更稱心自在，快樂逍遙。無論外頭怎變或身陷何種困境，我仍有權及有能力向這「成功」目標邁進。若昨天「失敗」了，一不小心鬧情緒或發脾氣，今天便要開心過；今天開心過，明天便要更開心。因上天難得賜我新一天，真的「高興也來不及」，

每一天也是「全新的自己」，要善用分秒感受生命，豈容亂板黑臉或糊裏糊塗輸給壞心情。

「成功」是笑臉、是歡欣，是自在遊走天地間；「失敗」是怒憤、是抱怨，是與自己過不去……選擇於當下，就如此簡單！

不要辜負一碗飯

一澄明午後，奔出家門之際，瞥見門前小花正驕傲地向我招手，於湛藍晴空下，其繽紛艷麗叫我着迷：哪有如此奪人眼目的色澤與光亮？駐足凝神好一陣子，目光總捨不得移離嬌媚的她，最後得勉力深吸一口清新空氣，才叫元神歸位。奇怪！這花卉一直都在，何故如今叫我看得失神？是否要跟我訴説甚麼天大秘密？

大家或有類似經驗，偶爾一景一物匆匆掠過，總似有意無意地在寓意甚麼，往後自會有丁點感悟慢慢盪來。而在這小花一幕還未上演前，兒時一個讓我苦思良久的問題，竟弔詭地湧現心頭。這問題出現於七歲時，那年我才學懂「扒飯與思考」。媽常嚷着我要定時吃飯、定時如廁，這才快高長大。我開始邊扒飯邊發問：「每回吃一碗飯，未幾便要去拉一拉，那麼我把這碗飯直接倒入廁盆，一沖水，是否簡單些？會否更快……快高長大？」媽有點不知所措：「傻瓜，沒你好氣！快扒飯啦！」從媽的表情，我大概得知這提問有多笨，從此絕口不提，以免揭露「我是笨蛋」這真相！可這被擱置的問題卻一直暗藏心底，最後亦隨這一碗飯伴我快高長大。

近日腦際竟不時飄過這兒時提問，孩提時的單純直率真夠可愛，現今我已長大，能否為自己解答呢？從歷年於修行路上的聞思，或有助我試着回答。於天地間，萬物皆為「地、水、火、風」所形成，只是排列組合的內容不同而已。而一切均是「緣起甚深」的「質能互換」，是能量的轉移。一粒白米、一朵小花、一個我也離不開這自然法則。一碗飯跑到我身體內，轉換成我的能量，配合着外緣：陽光、空氣、水份等……我得以快高長大；而一朵花也是同理般從小種子一直受着這些外緣的支撐而生長着。

瞪着眼前的一碗飯，它同樣是土壤、陽光、空氣與水份的混合物。我

細味淺嚐，深深感受着白飯的捨身而轉換成我的一部份，助我成長。一碗飯，奉獻自己給我熱能，那我有否善用之？當我領着這期生命時，能否於每一當下，投入活好自己的角色，充份發揮極致的生命意義？這一切無非提醒我：要時刻感恩、用心造福天地！就正如嬌艷花兒，珍惜當下因緣、燦爛地莊嚴法界，足證沒虛度此生。

花兒點綴天地多少天、我效力這人世間多少年，實屬雷同。原來門前小花是來給我開示大道理的：一碗飯竭盡所能地轉化熱能給我，我有否同樣善用之來回饋眾生、或是不時發放負能量荼毒天地？我得時刻觀照，好歹也「不要辜負一碗飯」罷！拈花一笑，多年來我總算找到答案了。

從「無常」來到「苦」

平日我最嚮往的私人獨處時空，便是安坐於某圖書館二樓的落地玻璃窗旁，專心一志地「發呆」。每每當拋卻所有世俗事務，把心帶回寂靜閒恬的當下，放眼眺望無邊無際的虛空時，旋即可感「回家」的溫暖。而那天莫名其妙的風雲色變，像是前來敲醒我，倒更像借我手傳遞些甚麼似的！

那天看着窗外，於半小時內，時而飄雪，時而放晴；當看到驕陽從濃厚雲霧探頭而出，高興終能一掃灰沉頹勢時，轉瞬間忽爾黑雲蓋頂，隔着厚重玻璃窗也能聽到天際轟隆作響，密集式的幾陣暴雨一瀉而下。下着下着，忽覺拍打着玻璃的勁度有增無減，原來雨點不夠聲勢，來個冰雹才叫震撼。五月還有冰雹這壯觀場面，真的一反常態，但天宮嘛，誰敢質疑？可沒多久艷陽竟於飄雪襯托下再度歸來。此刻心頭頓覺寬慰，一切無非盡展天地頃刻萬變這真諦，而當中我們究竟可執着甚麼、抓緊甚麼？

道理我懂呀，可要實踐開來，還需多番磨煉，就近日經受的考驗：一友人忽爾往生、癌患摯友情況反覆、協助一植物人遇困難重重、尼泊爾地震後好友一直生死未卜……接連的種種，令人像被沉重污雲團團堵住。幸來到我心愛窗前，「風雲變色」衝來為我補課：「無常」本屬中性，沒好壞之別，但我們多慣性將之歸納為負面，可只要你細心反觀，不難發現：**從「無常」來到「苦」，當中的距離全取決於……你的執着、抓取有多少！**人事物離不開因緣和合，到了緣盡「無常」地消散時，便正如積雪融化掉，乃自然不過的事。但若你死命不接受、硬要抓取甚麼，這當中的苦便由自己盲目地執着不放而衍生的。你抓得越緊，距離越拉長，苦則越多。相反，當你接受，讓「無常」境界穿流而過，沒抓取、全然放下，沒自製任何距離，「苦」自然不生。

於宇宙大道中，一切無非循環不息，人事物皆依循着這運轉法則。緣盡消散變異乃理所當然，任你哭盡千公升淚能起死回生嗎？持續傷感管用嗎？徒添再多的憤慨不滿，世事難道可逆轉嗎？與其無濟於事，是否更應節約不必要的虛耗，積極面前才實際。

一下子我像被喚醒開來，不斷反思「無常→苦」這距離。漸想到好友必樂於看我笑逐顏開、容光煥發，為着他們，好應奮力放下一切執着與抓取。多一分嗟怨與不憤，便荼毒天地

剎那生滅變化……觀天：參世情、悟人生！

—— Charles

《幻天》

45 cm x 35 cm

Oil on canvas

2016

多一分、倍增苦的距離！嗯，原來要生「苦」還是滅「苦」，全操控於自己手中呢！學懂「轉念」，放下執迷，順應當下變化，自能與天地共舞，方才達至真正的「離苦得樂」！

木棉的智慧

最近與一好友聚首，她是我以往職場上的拍檔，剛巧近日跳槽至新公司，我當然忙不迭祝賀她。但見她一臉倦容，愁眉不展，言談間盡露不適應新人事與種種壓力，我只好積極鼓勵她。她忽爾起疑：「唏，老實說，你真的適應加國嗎？我不少朋友移民不消數年便哭着回航，你當真鍾愛目前的生活？你何時要再戰江湖，我定力撐你呀！」看她一臉關注，確感激好友的仗義之情。

莫非她提問，我幾近忘了移居多倫多已近十載，果真時光飛逝。當年一下子要移民，只因香港物價超高，我已非上班戰鬥族群，光在原地消費怕撐不住多久，且想換一新環境，休養生息；加上男友乃加國公民，這一切堆疊起來，便順理成章移民去。至於適應與否？哈哈……我常開玩笑說：幸我屬「水」，故倒進任何器皿皆能順應之！這亦是我常勉勵自己的箴言。

面對陌生環境，開初自然格格不入，像要獨個兒鑽進他人家似的，總覺老外狐疑眼神在質問：「異族跑來我國幹甚？」簡單如買雜貨、掉垃圾、開車等，全有不同規矩，永學不懂般，只覺不勝其煩。間中氣餒時，壞思緒更趁機肆虐：好端端奔往異鄉，一切從頭學起，簡直自討苦吃。那麼多名貴高跟鞋，只得踩進廚房團團轉吧！你看，不得了，原來當任何不良念頭冒起，其他附和分子即乘勝追擊，一疊疊蜂擁而上。

且慢，我急問自己當初動機，不是要開展新生活、新的人生嗎？甚麼是新？與舊之不同呢！那麼我何故還不斷拿過往作比較，原來是我自築籬笆把自己牢牢鎖上，是自己預設立場而視外物為阻礙而已。任何事物皆有利弊，觀乎着眼點吧，加國給我最大收穫，便是處處皆可親近大自然，這其實是我從小嚮往的。剛到加國時，但凡任何惱事纏繞，我便到公園湖泊散步，慣常走走便悶氣全消。

記得一回看到木棉盛放，其隨風飄揚的銀白絲線，看得我走神。可知道，我這都市人只懂蓋棉被，從沒目睹過棉花可以如斯嬌美多姿，像在風中起舞。看着那輕盈小生命，順風飄揚的豪邁、自在灑脱、不拘小節，我像感悟到甚麼似的：它降落何地均愜意欣然安於此，從容不迫地溶入於內，開展下一頁精彩旅程。小木棉可以，我為何不能？**放下心中界線，卸下**

敏感防衛，包容更多可能性，世界也許不一樣；當一念轉了，真的，往後碰着的老外，位位也倍覺親切可愛！那究竟是老外統統變了，還是……我的心開了？我不由得嘻哈大笑。

我自顧自吐了大堆領悟後，好友終展歡顏。大概她也感受到木棉的智慧吧！

機械人VS農夫

你有否留意到，人人皆愛惜生命，可大家卻不約而同地活得跟「機械人」無異。甚麼是機械人？不消說，便是內置固定程式，每天啟動按鈕便自動運作，不假思索，到既定時段則停下來。回想着過往的我，亦堪稱為一流的機械人！當然，努力為生活鑽營的奮鬥一族，真的像別無選擇。然而，當我移民後，有了一轉型機會，卻讓我看清世界各地皆有着不同型號的機械人。原來不是人人均被生活所迫而淪為機械人，更多富甲一方的也呈願死守機械化生活不放，故我不由得揣想：是真的「身不由己」？還是人們不願突圍固有框框？是怕一靜下來徬徨無措，於是只好以種種忙碌來掩飾內心的不安嗎？這是我剛來加國時，給我的第一堂課。

話說早年不少中產人士提早退休，領着幾桶金移居加國，過着悠閒生活。不用於商界打拼，但怎也得打發時間；於是有的參加多個高球會籍、有的聯群結黨進豪華賭場、有的排滿密麻麻的美容健體療程……結果各自各當上另類型號的機械人，每天如同上班般、黑板式地

《牧羊》

100 cm x 50 cm

Oil on canvas

2016

趕着羊群回家，看到愜意的畫面。

—— Charles

忙忙忙。當我近距離目擊這一切後，我堅拒再當任何一款，因我是來用「心」活好每一天的，與其給我一百年的機械年輪，倒不如給我富生命質感的十天。為了作新嘗試與擴展新世界……最終我跑去當農夫！

試想想，從小我只於超市認識到的瓜果蔬菜終讓我看清其本來面目，大小綿羊、馬、驢、美洲駝、豬鷄兔貓狗，我可與之共同生活；一大片有機農田種植各式蔬菜水果、草本植物和花朵，蔚為奇觀；這林林總總均是我畢生從未嘗過的；而同期亦有來自德國與瑞士的義工，大家鷄手鴨腳但卻相當合拍地每天穿梭於田野幹活，一切湊拼起來，盡是多麼興奮的一回事！

每天如是這忙於澆水施肥、飼養禽畜，間中做些粗重工種；我這嬌生慣養每回停下來吃飯，均累得拿碗筷也乏力，大汗淋漓且髒兮兮，但卻樂不可支、更添幹勁般笑迎每一天。我想是那種回歸大自然、簡樸單純的農家生活，為我注入生命泉源，內在像有無限動力不斷滾動着。而每天盡情感受着與天地共融，真的是大安心、大自在，叫人了無牽掛。

事後偶然與一些機械人分享此農夫樂，他們多驚訝我為何要專程來受苦，我再企圖描述每清晨跑去取鷄蛋是何其感動、伏於可愛小驢背上是何等幸福、斜陽西沉時看雁群回家是何其壯觀……他們仍不為所動。唉，機械人的心大抵已僵化了！我倒慨嘆生活不是值得花點心力去經營的嗎？試着突破框架、用心去活，或會活出一個更富朝氣的自己！

隱居仙子 VS K 歌之后

雖説那回興之所致跑去一嘗農夫樂，但別誤會，不是硬要當甚麼不成，或不顧一切地亂奔瞎闖。當時只感到原地踏步般重複繞着軸心轉，鮮活的一顆心像被禁錮於一潭死水中；我甚至質疑可能是抑壓良久的心在抗議，才誘發身體搞破壞、喊罷工！故我得「鄭重其事」，一切重新以「心」為依歸，從「心」出發。每當心有觸動，感應對了，我便火速策動，故十多年遊走各地，多以直覺導航。但無獨有偶，綜觀大部份我愛走訪的地域均較原始，多與大自然銜接。這讓我得出一結論：原來心的本質是純淨的，自自然想回歸本然、與天地合一、與大自然為伍。

這發現也是經年遊歷下來，及持續改革生活所得出的。好笑是近日一香港好友來加國探望我時，驚覺我已徹底地改頭換面，更形容我像「深山異族」，看我電視已不看，日常生活變得反璞歸真，她簡直難以置信：「不是吧，那連新聞、世界大事也全不知？」「太陽之下無新事，新聞過兩天豈非同屬舊聞？我猜或有八年沒看電視了，蠻奇怪，從小以電視下飯，現卻沒丁點興趣，只覺耳根清淨才更舒服。」

好友狐疑提問：「那逛商場，節日唱K開派對，總會有吧？」「噢！是呀，我過往常唱K至天亮仍不言倦，任何節日例必趕赴數個派對，現一切全停了。只因太嘈雜、人太多，頭痛呢！最後一回參與派對該是七年前於吉隆坡，好友力邀同赴聖誕舞會，結果頭痛難當，自此絕跡任何高分貝場所。」她慨嘆：「那你生活可苦呢？」我忙不迭澄清：「非也，我只是脫變至我鍾愛之境，絕對心甘情願，公園、湖泊、山澗，全是我嚮往之處。現每當朋友叫我逛街，我便引導他們伴我遊公園；邀我購物，我便領他們採花拾貝殼去；叫我唱K，結果被我游說至湖畔聽鳥鳴。說來可愛，由最初他們的嘖嘖稱奇，到後來位位也樂於與我結伴

同遊，並十分享受大自然的自在閒適，大概他們也被我導至『昇仙』了！」

當然要好友接收這一切，確需時日與因緣，我勉勵她曰：「你看，我的生活真自動化地改革開來，原來當放開懷抱，靜靜聆聽心之訴求，無限潛能會一一發揮。可以的話，多親近大自然，容天地洗滌封塵已久的心靈，或許你會有新的領會，說不定湧進更多靈感與動力。」好友似懂非懂，我遙看天邊一角：「看，黑雁回家了，暮色將至，是時候打道回府。」好友莞爾：「看天做人，你真有一套，K歌之后現變隱居仙女，當真世事無絕對！」我接續仰天長嘯：「只有真情趣！」

誰可喊停？

「喂，且慢，OMG！等等、停呀！」光從以上的吶喊，你可猜到我正面臨甚麼考驗而在竭力哀求嗎？這發生於前後不到兩分鐘的瞬間，大概是人類面對此境況最原始的直接本能反應吧！你仍在皺眉？那我揭曉好了，因相信任誰也難以猜中，包括我這當事人。我遇上……龍捲風！

住進安省近郊的湖邊屋已有八年之久，閒時最愛靜觀天象幻變，盡是多采多姿的景致。偶爾雷電交作或傾盆大雨，亦同樣百看不厭；每每放眼不着邊際的宇宙大舞台，一種難以言喻的敬畏與臣服之情油然而生。而早前與一眾友人於門前的野火燒烤樂，竟巧遇世紀龍捲風，說實在確有點難以置信。

活了多年，能有幸親歷龍捲風，自然想忘記也難。現先讓我描述當時屋前的玩樂圖：於綠草如茵的大地上，有人勤奮地堆好柴木，燃着熊熊炭火；幾名廚藝高手正合力炮製款款美食，一盆盆移放到火堆旁的野餐枱上；而幾名貪玩的人兒則忙着在草地上打羽毛球、踢毽子、玩呼拉圈，總之像要鬥快玩至汗流浹背、筋疲力盡才肯罷休。這情景於朗天下持續了約半句鐘，大廚們遂開始叉起食物推至炭火上，看着道道金光，飄來陣陣燒烤的香氣，那種原始風味叫人心頭更樂。可惜沒多久，一切頃刻幻變。

正當我們忙着嬉笑玩樂之際，誰來個偷天換日，一股猛風急吹，登時右邊一片天竄進團團墨黑的高壓雲，帶點旋風式意味衝往另一邊天的盡頭。只覺一無形重力擠壓胸口，急風攜着雨點猛然打下，像一下下敲着腦門，打得我魂魄亂飛。一人先下指令：「不對勁，快收拾東西入屋。」未幾再來一句嚇人警告：「龍捲風呀！速逃！」一眼見大家慌忙撿食物進屋，我

卻動彈不得的呆在當場。大約有半分鐘的間隙，我是沒了呼吸地半張着嘴朝着黑天發呆：「這是怎麼啦！末日嗎？何故黑如死寂、黑得叫人心寒，我還活着嗎？」當時的我竟來得及胡思亂想。眨眼間黑雲蓋頂，我不禁驚叫起來：「喂！停呀……」我像失控地狂對穹蒼吶喊。最後一友人奮力把我拖入屋時，狠狠地說：「不知多少人被捲走過，你這笨笨的，真不要命。」

接續我們仍能以烤箱炮製下半場的美食，真的天塌下來也無損大家的雅興。龍捲風一捲而過，卻教我不時倒帶回想那末日到臨的一刻：可暫停嗎？我能反抗嗎？我還要抓取甚麼珍重的人事物嗎？還可討價還價、嚷着不捨得甚麼嗎？還要斤斤計較、見諍不斷、要貪要瞋嗎？

風暴過後，看着草地上狼藉一片，我倒像收穫甚豐……會心一笑之！

你怕死嗎？

不曉得你有否被以下問題困擾過：「我生從何來？死後去哪？為何會生於此時此處？」原來這種種倒是我有意識以來，腦際徘徊不退的清晰問句。於成長過程中，偶爾向師長們請教，滿以為學識淵博的前輩應能輕易解答，但見他們竟迴避居多：「這些對你前途沒大關係，別胡思亂想，你現該集中於學業上。」大人的話定當有理，故這類「小事」便從此擱置心底！

到忽爾大限將之，這些心底問題頃刻湧現。一回冷不防摯友一句：「老實說，你怕死嗎？」我則牢牢對準虛空發呆老半天也答不出來，最後回他一句老實話：「我真不知呢？未試過嗎：怎答你！」老友猜我素來硬朗慣、夠堅強，好應大派定心丸般說甚麼不怕死、哪會怕死之類的公式答案，豈料我真的「如實」地回話，令其語塞當場。此對白發生於若干年前，也真多得他提問，讓我重新反芻這久違了的質疑。

而來到加國，日夜與大自然為伍，且開始了禪修之途，於生活中加深了聞思修證的紮根，從觀察周遭景物，漸漸地像了悟到另一出口：當你來個「片面」的看法，是有生死之說；但若當你提升上來，能看到宇宙大舞台的整體運作，一切無非不斷在變化、生生滅滅、替代變異……整體上是沒有甚麼死亡不死亡的。

就以天上的雲兒為例，白雲漂浮於半空，當聚集到某一情況下，要下雨了，那白雲便消散幻化為雨水。以片段式看：對雲而言是「死」，水是「生」；稍後遇着溫度驟降，水變成冰，此時水「死」而冰「生」；過一陣子，天氣回暖，冰溶化了，其「死」再換回水的「生」，故若只取片段或以獨立個體而言，才有「生死」之說，但宏觀一點，還不是一切在變？而所有變化均由因緣而生，亦沒甚麼好壞之別。

又如蓮花嬌艷地莊嚴法界一段日子，到了凋謝時，其所謂之「死」便造就了蓮藕的「生」，到了蓮藕煮熟跑到你肚子裏，蓮藕之「死」是為你果腹呢，那有何不好？再看矜貴的靈芝是要生在「死」去的枯木上的，沒有大樹的死，何來靈芝的生？

當放眼眺望廣闊的天地宇宙，幾近每東西也在告訴我「緣生緣滅」之道理，一切乃大自然運轉之規律而已。而於這宇宙舞台中，你我也是當中一員，故自然離不開此「無常」法則，沒有一個不變之「常」，故早晚也得生滅消散。同理般花開花落，面對每一場景的幻滅，大可來個「葬花」式哭斷腸，這樣說你大概會暗笑：「哪有如此白癡？人人皆知曉此乃大自然的變化，用不着多愁善感吧！」但倘若大家當真明瞭此宇宙定律，那麼面對你我他的生離死別，何故另作別論？

從天上的雲落到地上的水，乃各種條件「因緣和合」才出現，不是單一哪一方決定而成。這正如「生」不是我自己可以決定的，是整個法界大自然的因緣；生不是我的事，死同樣亦不是我的事！當因緣聚合，這個「我」來了、出現在這世上；當緣盡消散時，我得別去、回歸大地，的確跟花開花落無異，就這麼一回事。

抬頭看着天邊浮雲，你可知道它何時會幻化為雨水？接續跳入河流，奔向大海。當河流邁向大海時，會否難過小小河水即將「死去」、快要瓦解消逝？你抗衡時，還不是你自找苦吃？能隨順因緣，接受一切變化，與大海溶為一體，方才超越這狹隘的生死概念。當太陽又把海水吸上半空成為雲時，同樣投入於當下。當雨水時，則發揮水的功能滋養萬物，當蒸發為雲時，便同樣發揮雲作遮蔭的功能，這不是蠻有意思嗎？

綜觀天地間一切之無常變幻，來來去去，日升月降、花開花落總有時，怎有好與不好之說，更遑論生死之談。萬物皆全然接受法界一切因緣變化之安排，珍惜每一個緣起，接受每一個緣滅，這才是真正的「順其自然」。既然看透了生死非我話事，不是我單方面所能決定的，我早已置之度外。反而於這「來去」間，若能於活着的每一當下，皆投入地活好自己的角色，每刻必能盡享發揮生命意義的喜悅，那麼何時要走，也將如是這安詳自在，絕無遺憾或不捨之情。只要用心活好當下，自然來去皆從容！

大自然中哪有生死

從來生死課題像總令人諸多忌諱，幸小妹横衝直撞下像是誰要迫我提前領悟般，而於近年長居深山，漸漸體會到穹蒼之奧秘，原來萬物一直在宣說自然法則、宇宙規律。每每當感受着四季交替，看着候鳥遷徙，總會莫名的感動。感動於萬物之無聲配合，動植物均各安其份，一切自有時，亦絕妙地相輔相成。這種種無非揭示：大自然中哪有生死？一切只不過是適時地變、變、變而已。我逐漸留意到原來是人們慣性在投射另類情緒，結果一不小心便真的演變出不少公式化論斷。

何解有此感悟？話説每年十月尾，三五知己多結伴賞楓郊遊去。加拿大乃楓之國，真的任你跑哪也像被楓樹包圍着。閒時你未必太為意，但來到深秋，一瞬間身旁株株楓樹突變色彩斑斕，叫人百看不厭。於是奔去熱門地標觀賞楓葉便成了家家户户的例行活動。今年我被應邀陪幾組好友赴不同深山去賞楓，都説百看不厭嗎，看一回不夠，還得多看數回吧！但有趣發現是：於不同朋友圈，竟聽到類同的慨嘆：「秋風秋意惹寂寥、寒枝殘葉倍蒼涼」嘩！

一眾詩人齊來「傷春悲秋」式感慨萬千。我方才察覺大家均情感豐富，但有否理解到楓樹是多麼有智慧地落葉呢？

楓樹來到入冬前，便各自作儲足食糧的準備，把葉綠素全回收至根部；故葉子原貌之紅橙黃紫等顏色便得以呈現出來，這便締造出美輪美奐的風景圖。而當這儲糧工序完成後，楓葉徐徐掉落，最後剩了無牽掛的樹身靜度寒冬。別以為枯葉是廢棄之物，每片葉子到最後皆變成珍貴肥料，融化到土壤裏繼續在長養樹木。於是冬去春來時，樹木又再萌生新葉，生生不息地延展下去。故以整體來看，一切只是演變過程，且相互配合得天衣無縫，植物的睿智是否更勝一籌？大自然一直也是瀟灑和諧地運轉着，只是我們較易忽略或曲解罷了。故當了解底蘊後，是否還要

抓緊「片段式之生死」，而在加添甚麼傷，甚麼悲呢？

萬法唯心造，當你看着落葉覺淒清時，我倒欣喜看到滿庭紅衣蓋地，滾在上面沙沙作響，微風盪來葉香撲鼻，於枯葉幻化成肥料前還可伴我睡上香香一覺，真的樂透心。隆冬時分，門前禿樹又是另番景致，更覺別具氣勢。任何時刻大自然皆顯現出獨特風貌，大自然中哪有生死，看官能否洞悉箇中真諦而已！你我他同納於其中，自然離不開這「自然法則」，看破方能自在！勸君多往深山走走，應有所啟悟。或至少學會收起過多的情感……大自然從來不傷、亦不悲呢！

天堂與地獄

早前加國一前輩舉辦名為「淺談天堂與地獄」之講座，力邀我作客席嘉賓，共同討論這議題。噢！我這隻井底蛙，豈敢孔夫子門前賣文章，稍為聯想到我這班門弄斧狼狽狀已令人暈眩；我當然忙不迭婉拒，但這題目卻誘發我不斷咀嚼與反思。

從小到大，也許你我同被灌輸這類觀念：若做壞事，死後得下地獄，行善積德才可望他日升天堂；天堂，嘩！多麼令人嚮往神馳的勝地，相對之地獄，乃人人避之則吉的恐怖地帶。而當這兩極目的地被無形確立後，一連串的信仰教條規範便隨之衍生，漸成為大家奉行的「死後升天免墮地獄」指南。當然，多行善免作惡該是應有的生活態度，但你我是否只為能拿到死後升天入場券才行善？而天堂地獄是否固有的實體？這一直令我生疑。綜觀周遭發生着的幻變世事及厚疊疊的人生閱歷，倒像要送我另一番的體會。

我想「天堂地獄」無非是我們的心靈投射，而每人對其相應則因人而異，全因各人的「心鏡」不盡相同。要知道，當你我還未徹底斷絕貪、瞋、癡之前，我們雜染凹凸不平的心鏡所反映出的「世界」便滿有差異。故我認為是天堂的，甚有可能會是你的地獄。而一天之內，亦可從天堂跳至地獄。不妨細想，大家或有類似經驗：當你獲得你想要的、感愉悅快慰的，便猶如置身天堂；可下一刻一通電話傳來不幸消息，馬上讓你跌進地獄！故每天大有機會遊走於天堂與地獄之間，何需久候至死神感召之時。

再者，行善積德當然是好，但若此動機光是為了死後不落地獄，心底還是滿有私心，這便對此善舉大打折扣。我們好應只懷單純善念，以慈悲心出發，時刻遵循「諸惡莫作，眾善奉行，自淨其意」的宗旨；本着「無所求、無所得」之心布施才叫究竟！其實，我們從來無法控制外境，但該了知萬事萬物無不在變化當中，故沒有絕對之好壞，亦沒有固有的「天堂與地獄」。歷緣對境中，面對不順境，你的苦「地獄」有多少便取決於你的「我執、我愛、我慢」有多少，若你能及時看懂，一切所謂之痛苦乃因自身無明愚癡、貪瞋抓取所形成，一念便可逆轉，馬上放下身見我執，「天堂」隨即現前。常言道：一念天堂、一念地獄，就這麼簡單！！當訓練純熟了，縱然天崩地裂，照顧好你的心，學懂即時轉化，「選擇正念」，時刻也可置身天堂呢。

當然以上盡是我的淺、淺、淺見，我亂發噏風至沾沾自喜，已頓覺飄進「天堂」，惟望不會害你看得如下「地獄」吧！（二笑）

大難不死

生死原來真的繫於一線，一秒鐘前大家還有說有笑，孰知在你蠻不經心時，死神已悄悄於暗角竄出，虎視眈眈地靜待良機下手！雖事過情遷，但每當我重組案情，仍餘悸猶存。相信這經歷，任誰說上一百回也難掩驚恐之情。事情是這樣的：於一放晴朗天，我與好友如常結伴往健身中心。但凡躍進她坐駕，我倆慣常地聊東聊西。可那天我突發奇想：「嗯，陽光暖和，忽想往後街樹蔭留影呢！」「你鮮有此舉，今天怪怪的所為何事？」「沒甚麼，興之所至。」於是飛快到後街拍畢便繼續上路。而來到目的地前的街口，當好友正轉左駛入中心時，就在這刻，一飛車突炮彈式迎、頭、衝……來！

當下的兀突感覺就像你早確定眼前空無一物，可頃刻間卻從天飛來一炸彈，正準備於你眉心正中、在你瞪眼之際、只半秒間隙即要引爆開來！我竟聽到心中響了半句：「呵！今回……沒了！」心倒是平靜地靜候這一擊到來。就在這電光石火間，我像感應到一大手將之稍稍一移，結果在最後關頭、在應當硬碰的一瞬，失控飛車從我們車頭閃過。但因其車速實

光影交織、因緣和合。法、遍一切處！

—— Charles

《生命樹》

80 cm x 60 cm

Oil on canvas

2016

在太快，於閃離我們後，車子猛力衝進路旁樹叢，飛身跌入鄰近屋苑，至撞着一停泊汽車才停下來。

我與好友互望彼此嚇至面如死灰的殘臉，二話不說直奔看看飛車的下落。車上男子同被嚇瘋，撐着煞白一張臉茫然曰：「幸我沒取了你們的命！」我們不住自言自語；「萬幸大家仍存活！」我倆像瘋子拖着離魂的軀殼，不知重複了此話多少回。看着路上長長車痕，目擊途人搖頭道：「時速至少達一百四十公里，你倆真走運！」我倆只懂呆滯點頭，其後數天，說話仍結結巴巴，也難怪，從鬼門關硬爬出來，半夜夢迴還不時喘着殘氣、瑟瑟發抖！

師父常叮嚀，任何經歷皆助「見法」，當我定下心神，即細味這「大難不死」的啟示。對，「三法印」再清晰不過！「無常」：突天降橫禍，自然足證世事本無常；「無我」：這個「小我」常自命不凡，但試問生死大事可由我「作主」嗎？難道我可「話事」活至幾歲？這還不是整個法界之因緣，渺小人兒豈能左右！「緣起」：一事之發生，背後盡是「緣起甚深」；剛巧那天想要拍樹蔭照、剛巧拐這彎、剛巧飆車殺到、而剛巧最後逃過一劫！這無非是「法界大師」要給我示現的「無上甚深微妙法」！

嗚！小命倖存，在抹一把汗、揮掉感恩淚水之際，我更看懂一切、更肯定餘生的方向：誓要更拼搏賣力，活出極致之生命意義，以回饋上天之「超級+超級」厚愛！

天使總在身旁

二〇〇八年　冬　印度　德里

與一倫敦好友——露茜亞逛累了，躲進印度廟小歇，繼續聊那永沒完的話題。於倫敦任藥劑師的她，一趟走訪印度便與一名的士司機墮入愛河，於眾多輿論壓力下她仍堅持走自己的路。

露茜亞坦言：「他沒大學學位、其貌不揚，你或覺他粗粗魯魯，可就是這種小人物……」我搶答：「奪去你的芳心？」

露茜亞掩不住笑靨：「他有一顆善良的心。」一時尚淑女與地道印人？當時世俗的我難免左思右想。

露茜亞若有所悟曰：「來了印度生活多年，才漸體會很多東西並非單看表象的。而往往擦身而過的陌生人，原來是特遣來的天使，看你有否察覺到而已。」

看她滿足神情，我大概懂了。

《一切盡是最好的安排》

110 cm x 80 cm

Oil on canvas

2015

千里尋父

最近忽爾覺得自己像一名月台上的服務員，服務着穿梭往來的乘客，而提供的服務大致如下：（一）給一些乘客引路——指明清晰方向，以確保他們沒再走錯。要知道，很多人明知自己要到哪，卻偏偏繞來繞去，徒浪費青春與精力；（二）權充甚麼「夫人信箱」——不少乘客滿肚鬱結，總想找人訴苦，望能宣洩積壓已久的情緒，而於候車期間，遇上我這過路人，因緣和合便促成好事。（三）交換人生故事以激勵乘客——故事收集多了，更可借用他人故事激勵不同乘客。當A乘客憤憤不平時，則想到早前B乘客分享的故事剛可作開導之用。我這中介人，看着那人際網絡縱橫交織中的緊扣與息息相關，無不感動。

當聽盡各人離奇曲折的際遇，我多於他們弄清路向與舒解悶困後，登車前均送上此句：「**人生呵，不管怎樣都要試着接受它，感恩一切，更要奮力前行，加油呢！**」而近期收集到的一則人生故事，確觸動心靈。琴姨是我朋友的朋友，人較靜默，她給我的整體印象則是一名幸福慈祥且善良的阿姨。可來到一偶然時空，剛巧我與她有獨處一句鐘的機會，大家不知恁地聊呀聊，她竟一下子把壓於心底四十年、而從未向人剖白過的辛酸往事一瀉而下，我這服務員有點呆在當場，因沒想到琴姨風光背後亦有另類的圖畫。

琴姨是活到二十四歲，才可圓兒時夢……一睹爸爸廬山真面目！這不是甚麼電影橋段，而是發生在尋常百姓家的一宗實例。她爸爸是早年到舊金山「三藩市」謀生的老華僑，二十出頭便為生計隻身飄洋遠方，留下妻兒於香港。琴姨說：「當年從香港至舊金山需坐大郵輪，個多月才到達，爸爸到了當地便於洗衣舖打工，日以繼夜工作，我姊姊兩歲時他回香港一趟，之後再往彼岸便沒有機會重來了，故我出世後一直也見不到他。」

我大惑不解，她遂說：「那年代只得坐郵輪，來回動輒要兩個多月，而那種手停口停的工作根本不容許員工告長假，且船費不菲呢！」我邊聽她平白自若地交代劇情，只覺不可思議，我旋即代入故事當中，莫名地激動起來：「你沒怪爸爸嗎？怎說也不能丟下妻兒二十多年，不回去看一眼吧，難道你媽媽也從沒抱怨半句？」我這單向思考的小家子，只顧咬牙切齒地左右質疑，完全難以理解那時代游子隻身在外，要生活、要寄錢養家確非易事。琴姨是過來人，自然體會更深。

我鮮有聽聞這類真人真事，感訝異之餘更有着一籮筐問題，如自小失去父愛難免心理失衡等等。琴姨不徐不疾回話：「小時候的我，常為『沒爸爸』這事倍感自卑，人變得沉默寡言。幸慈母常開解，説爸爸一人孤身在外搵錢養家實苦不堪言。媽真偉大，身兼父職，一人揹起照顧我、姊姊及婆婆的一切，從沒埋怨；還想盡辦法令我釋懷，免我錯怪慈父而對他心存敵意。最後她鼓勵我寫信給他，藉此可多了解同樣偉大的父親。」

「嘩，真敬佩那時代的母親，無論多艱苦貧困、戰亂或走難，她們皆可赤手空拳調順之。那與素未謀面的爸通信是何滋味？」她面泛光彩曰：「真多得此妙法，雖緣慳一面，但莫輕『紙短情長』的威力，我倆父女情便透過封封家書慢慢培養開來，每當翻着泛黃信紙再三回味時，總覺當中溢出濃濃的關愛把我深情抱着；你或難以想像幾近每頁信箋我均背得滾瓜爛熟，正因從中我可堆疊出慈父的背影，並得以填補我心底失落的某部份。」我聽得着迷，遂乘勝追擊：「那之後呢？」

「到了我二十四歲結婚時，深愛我的夫君清楚我畢生心願便是與父團聚，他送我的蜜月禮物便是……伴我『千里尋父』。那時我已移居加國，他帶着我從多倫多一路開車往三藩市，確是千里為見爸爸！當時的公路尚未如現今般發達，可夫君知我見父情切，他真是一鼓作氣地開車，整整四天不眠不休地開、開至肩膀僵硬仍不言倦，我看在眼裏，感動非常。」我不自覺已眼泛淚光：「好感人呵！那當真來到相見一刻，會是何畫面？」

「當朝思暮想的爸爸立於跟前，那震撼實非筆墨所能形容，當時心中異常激動：淚一直地下、持續地喊：『爸爸、爸爸！』像要於瞬間把二十四年沒機會當面說的『爸爸』一下子全補回似的；老爸栽於原地看牢我，眼內同樣滾動着滿眶熱淚，最後我倆擁作一團，那苦候二十四載的一抱，叫時間停頓、叫血脈靜止、

天地無聲，我合上眼，此生已無憾了！」我陪同噏下一口氣，急着問：「那最後大團圓結局嗎？」「天從人願，我續後接爸媽回多倫多樂聚天倫，他倆現已駕鶴西去，幸父母晚年能薄享清福以彌補過往分離歲月，我亦於願足矣。」

聽到這我才定下心來，她直言此鬱結藏於心底四十年，終得舒解，人暢快多了。噢！真感激琴姨的坦誠分享，我自當珍藏這感人個案，他日當朋友抱怨與愛人親人聚少離多時，我遂可借鏡勉勵之。

給力朱頂紅

「朱頂紅」，記得多年前當首次聽到這三個字，笨得要命的我竟沒頭沒腦地衝口而出：「嘩！那堂皇名字，是誰家閨秀？」世伯給我白目後繼續專注照料窗前的盆栽。於陽光潑瀉而下的窗旁，看着世伯弓起身子在悉心呵護着一枝獨秀的紅花，他每一舉動皆像滲着無比溫柔，均灌進濃濃愛意，於空氣中像傳遞着神秘魔力令紅花跳脱活潑開來，這一切全糅合成一道絕美的風景。我看至失神之際，世伯輕輕回話：「是這株小可愛的美名呢。」我怪叫着：「幹嗎為紅花添一個擬人化姓名？」

世伯更哭笑不得：「唉！你笨到哪？這株植物學名為『朱頂紅』，屬多年生草本科，非我私下為其取的名。」我這花卉白癡呆看着窗前嬌艷的她傻笑曰：「真失敬，朱大姐，看你英姿凜凜，定是名門望族。」世伯遂透露：「她身世非凡呢，屈指一算，你應稱她前輩呵！當年我一手抓了些種子便從上海奔了出來，一晃眼已近五十載，她就這樣乖巧地一直守於我旁。」此刻到我傻眼，我瞪着此朱大姐，世伯便開始説故事……

「記得那時候要離鄉背井，對隻身漂泊天涯的遊子來說，真不知何時是歸期，更難料他日能否重歸故里；一心只想拿些有紀念價值的東西伴着上路，因明知奔出去後早晚必定念家的。忽爾看到家裏正開得豐茂的朱頂紅，便一手抓幾顆種子往口袋裏塞，心想日後見花如見家，應可一慰思鄉之情吧！」眼前世伯明顯已乘時光機倒帶至少年時代，他更肯定此乃明智之舉：「接續無論遷到哪，此紅花早已成家中要員，因富濃郁家鄉表徵的她永遠能令我心繫故鄉。更奇怪的是，每逢遇着人生低潮，只要看着此一抹紅、看她堅韌地穩守在家，就像在為我打氣，她總能給我無形的鼓勵與力量。」

聽着世伯形容得如此出神入化，紅花雖美，但她真有如斯魔法威力嗎？我像推敲不來，洞悉世情的他遂說：「人生命途高低跌宕，無論富裕順境、或貧困逆勢，抬頭看看她，還不是一身不染塵般自在瀟灑地存活於當下？記住：**凡事必會過去，任世界怎變，保有一顆純淨無瑕的赤子之心，才能豁達面對一切，笑迎風雨**。這是她多年來一直在旁給我的提示與智慧。」

三年後的今天，看着世伯留給我的朱大姐，她依然風華絕代地於窗前微笑着，世伯此番話令我咀嚼再三。的確……她沒有因世伯的遠去而變得消沉沮喪，仍一貫不染塵般在點綴天地。來到此時此刻，世伯的教誨終叫我深徹體會，雖鼻子早已酸了起來，但我仍含笑向着眼前的「朱頂紅」致敬！

《一抹紅》

75 cm x 55 cm

Oil on canvas

2007

每次看到這抹紅，皆有難以形容的激動！

—— Charles

嵐姨是我於醫院作善終服務義工時的好拍檔，那時我還是新手，幸有她循循善誘。相處久了，才得知她乃單親媽媽，獨力撫養一子一女。白天當醫護工，下班趕緊買菜弄飯，每週二風雨不改的當義工；雖偶爾看她略顯疲態，但面上永遠綻放笑容，我一直好奇她哪來力氣於生活重擔下仍堅持當此善終義工。機緣下她給我分享一感人故事。

故事大概是：於一醫院病房內住着兩名嚴重病患的男子，兩人均行動不便，靠窗床位的老伯長期住院，他每天有一小時被安排坐起來排出肺部積水，其餘活動則限於床上。隔鄰病床則平躺着一動彈不得的中年男子，看着天花吊扇規律轉動是他唯一的消遣。由於同病相憐，老伯深明中年男子的苦悶，他開始跟他聊天，從二人的家庭、妻兒、工作、嗜好等，無所不談。中年男子有老伯聊天，心情漸好起來，日子也易過些。

畢竟二人納悶斗室中，對外頭世界嚮往不已。善解人意的老伯便利用坐起來的一小時，仗義地把窗外的所見所聞即場報道。「窗外鳥瞰着一寬敞休憩公園，小湖泊反映着藍天朵朵

《心中淨土》

75 cm x 55cm

Oil on canvas

2016

孩童於大樹旁嬉戲，單純畫面，
卻能給人淨土之安逸感。

—— Charles

白雲，陽光大把大把的將湖水打出個個金光閃影，幾對野鴨與小天鵝相映成趣，小孩們聚在湖泊另一端把玩遙控船；不遠處有幾對甜蜜情侶把臂同遊，映入眼簾的盡是晴空萬里的夏日郊遊圖。」「唏！今天有大隊花車巡遊，由踩高蹺小丑帶領到對面廣場……」老伯每天精湛描述，為中年男子帶來超級娛樂，午後一句鐘頓成他的黃金時段，他必緊貼老伯，暢遊窗外世界。

日子靜靜流逝，一早上當護士為二人量體溫時，赫然發現老伯於睡夢中辭世。中年男子頓失房友，午後驟變死寂空虛，最後他要求換到靠窗床位去。一切安頓後，他奮力移動上身，勉強可探頭窗邊，終於可一睹窗外天地了。一看之下，他愣住了……眼前所見只是一堵灰壓壓的石牆直擋上天，他慌忙追問護士：「為何只是厚牆？每天老伯跟我描述有公園、湖泊、廣場，這統統跑哪去了？」護士聳聳肩安慰他說：「老伯根本連這厚牆也看不見，他是天生瞎子……大概他只想鼓勵你吧！」

嵐姨總結着：「每逢生活多磨人，做得再累，一想到此故事我便有莫大推動力。於服務他人時，只要能為他人帶來丁點快樂，我已萬分安慰，自身的苦又算甚麼？」她的話讓我想到寂天菩薩所言「一**切世間的幸福，都來自於希望他人能幸福**」，看着這位人間菩薩，我的眼眶濕潤了，心頭重複着「多謝嵐姨」。

愛打坐的裝修師傅

「小人物大英雄」，來了加國多年，給我留意到身邊一些小人物，他們擔當的多是社會基層的角色。可於交往中，卻感受到其英雄特質，全因他們均身體力行地活出生命意義的真我風範。一位愛打坐的裝修師傅——保羅，至今仍是我非常尊敬的……大英雄。

「在加國找裝修師傅得像找夫君般千挑百選，找幾家議價及實地考察是必要的。」街坊們給我重要情報。當時友人推介三家公司，首兩家口碑絕佳，算是行業中翹楚。而第三家則價錢偏貴，可實務的保羅師傅讓我覺可靠，少了點虛假和諂媚。來到實地考察時，一切更富戲劇性。當天他坐我車入新居，因我搬至市郊湖畔，車程需兩小時。一趟車程足夠我大起底。

那時我迷上巴西一著名作家的小說，車上剛巧堆滿他的書。保羅一看好奇曰：「小姐有眼光，此小說家相當不俗。」我傻眼，一時衝口而出：「蠻以為你們這行只愛玩牌賭馬，你愛看書？真失敬！」他笑說：「剛巧此時我住巴西才略懂一二，沒甚麼。」我兩眼放光：「不是吧！可告訴我巴西種種？」此話一開，接續全程像駛往巴西境內。「少年時我們舉家移民巴西，一家人打理食店，每天跟太陽早起爬出店面幫手，傍晚收工每個小孩領點工錢，便裹在腰間進城花盡而回，當時沒儲錢概念，用在當下是大家最熱衷的。」保羅健談開來，我更聽得入迷。

「那從巴西何故走到加國來？」我三八追問。「父母決定，我們便來了，一切隨遇而安。」「你較愛哪地？」「不同段落走不同的路，哪裏還不是一樣？地域從不是問題！」心想真有智慧呢裝修大師。「有年我一時興起，獨自駕車繞加國走一圈，當中有三天不眠不休地開，人像入了定，不覺累，只覺沉澱寂靜。」「你

愛打坐禪修？」「是的，是我的靜養基地。」裝修師傅愛打坐？我心底暗笑，上天真會給我同類，你定清楚我家裝修最後花落誰家。

一回裝修工程，給我結識此豪傑。「我喜歡用心創造每一作品，讓客人回家能感受到其和諧舒適，何其有意義。不少熟客往後住處失修，我也樂於協助。」「不另收費？」「看情況，多數已成好友，怎去計？哪來算？」很多東西確非以金錢衡量，當中的情義更見可貴。我亦有幸曾受惠，一年大風雪，屋內爆水管，抓狂的我一通電話，他便放下手頭工作冒風雪給我搶修，那種俠義氣魄相信只有保羅才真的說到做到。「都說保證要給你舒適的家嗎？」他總笑說。我莞爾，不愧為我心中英雄，原來找裝修師傅直像找夫君，此言非虛！

教車一哥：康師傅

若你於多倫多，但凡論及教車界的奇葩，定非「康師傅」莫屬。最愛聽他笑談段段教車軼事，既有趣且蘊涵不少人生哲理；而其敬業樂業的精神、大俠氣魄的典範，說到「小人物大英雄」怎少得了康師傅。

多年前，初到貴境的我需考車牌。翻着報章雜誌，面對各款標榜極速「包考到」的廣告，只覺眼球麻痹。「坊間有否務實的師傅，是專教笨蛋開車的那種？」我向老華僑請教。「你也算罕有，人人望快速奪駕照，你卻來真的要學開車？找康師傅吧，他也是誓不折腰於市場需求的。」我一聽大樂，世上確有高人。

「一眾師傅均帶學生狂操考車路線，務必『包考到』。我教車三十多年，唯一宗旨便是不跑考車場，我是教人開車、教馬路守則的，不是教人『應付考試』！教懂人小心駕駛是我責任，非只取巧地考牌，試問造成日後交通意外是啥之過呀？」記得初會面時，康師傅開宗明義地訓話。我清楚找對人了，他見我低頭傻笑，不禁問：「小妹，為何找我？」「我只想學好開車！」……彼此會心一笑，以後每逢握着軚盤，便是我學車與學「做人」的良機。

「師傅，何故愛教車？」我慣性提問。「早年移民，不是做餐館便是教車，我愛兜風，一兜便是三十五年。」「嘩，三十五年！」「很多一家三代也出自我手！」我用眼神詢問，他續說：「太空人時代，不少主婦進考場，我還得在外幫她抱小孩。一晃眼，此手抱的已懂找我學車，再繞一圈，手抱的兒子也接續來，三代同堂，蠻有意思。」屈指一算，他每年高徒逾三百五十人，教車三十五年，多市一萬多人出自他手，難怪堪稱一哥！

「每一行業，只要專注下去必成獨當一面的師傅。」他不時教我做人道理。「『菩提本無樹』……

今回考不到，因緣未至呢；『本來無一物』，駕照只是表徵，精進技術才要緊。」當徒弟失手時，他愛如此勉勵。學車還賺到一缸哲理，我多走運！一回我好奇：「執教多年，何事最難忘？」「一位沒師傅願教的老婦，全行也怕了她，說她太緊張，可她硬要一償夙願。最後跟我學了三年……」「結果呢？」「我花盡心思幫她；最終她考到了，當她拿着駕照時狂喜的表情，至今仍歷歷在目。」是的，或許就是那種種滿足感令康師傅從不言倦。

每逢想到他豪邁陽光式笑容，他的幹勁、對生活的熱忱，總叫我折服不已。誰敢說七旬長者沒用？康師傅，便是最佳的「例外」！

戴勞力士的女侍應

第一眼看到她，直覺已告知她就是我要找的人。雍容華貴的她，舉手投足盡顯勘破世情後的穩重與淡定。地點是在多倫多華人區的一所茶餐廳，港式茶餐廳素來極受歡迎，無他的，華僑熱衷嘆這港式奶茶配蛋撻與中國人驕傲的四大發明「粥粉麵飯」。而她就是此店的資深女樓面。「知你喜歡寫『小人物』，有位『戴勞力士的女侍應』你怎能不認識？」一加國前輩某天閒聊中論及，我已雙目放光。

前輩詳述：「我二十多年前剛移民，一進此店已見嬌姐在殷勤款待客人。她一眼便看出我這盲頭蒼蠅需協助，她便積極教路。一回她語重心長曰：『安頓好小孩後，要融入社會，這才不脱節。任何工種只要可投入進去便努力幹，有時並非純為金錢，而是要找回屬於自己的生命。』她此席話叫我銘記於心。往後凡遇疑難，我必奔去找她，她總能給我答案。熟稔後才獲悉嬌姐移民前是香港某餐飲業的老闆娘，故開始時她確是戴勞力士來上班，當年是城中熱話呢！」

《幸福》

70 cm x 55 cm

Oil on canvas

2015

優質生活，往往未必與物質掛鈎、惟心境也！

—— Charles

我的好奇觸鬚已啟動，可前輩即來耍把戲：「你先進店，看你能否在眾侍應中找到她？」慈悲善良的特質是可感受到的，故甫進門我即鎖定誰是嬌姐。未幾前輩給我倆作介紹，嬌姐盡展慈母本色：「小妹，麵趁熱吃，吃飽才聊天！」進食時，我留意到嬌姐總能好整以暇地把群群闖進門的餓漢安頓好，盡顯大將之風。當她竄來聊一兩句時，我急問：「繁忙時段那麼緊張，嬌姐不累？」「我家小孩一餓便失心智般狂哮要進食，但若能招架得來，看其吃至眉開眼笑，我更樂呢。大人小孩也一樣，每天能於此『忙中作樂』，我才不累。」嬌姐臉上映着光彩。

「聽聞你昔日戴勞力士上班……何解不當回老闆娘，要作基層侍應？」我好奇問。「此時剛移民，除了勞力士便沒手錶了。當老闆時自己浮誇得很，可當侍應能與各路江湖好漢打交道，才懂謙卑；閱歷漸豐才收穫更多。」我仍懷疑：「家人不覺你自找苦吃嗎？」「真正的開心是自然發放的，身旁很多有錢太太每天在玩樂，可內心空洞洞的。我每天忙上班，不少茶客街坊已成老友，且每每為新移民引路，看到各家庭歡樂地來聚餐，我頓覺自己有所貢獻，回家喜孜孜與家人分享，他們才支持我幹下去，一做便近三十年了。」「嬌姐還蠻有活力呢！」「**生活有意義，開心自然有活力，開心就這麼簡單，此非戴勞力士所能及的！**」

平凡中盡現不平凡，這位助過不少新移民的大英雄嬌姐，教曉我：開心，不是戴勞力士所能及的！

咖啡皇后

在加國給我結識到不少「小人物大英雄」，想不到去年初我回港兩週，亦有幸給我巧遇一「咖啡皇后」，完全可歸納到此系列。要為這小人物起此雅號，全因我不知她姓甚名誰，嚴格來說，我並不認識她。只於我入住的酒店、於自助早餐的大堂內，每清晨也見她以和藹可親的笑容款待每位賓客，而她負責的崗位則坐落一個烘麵包機及咖啡機，與她結緣亦全由一杯咖啡開始。

大家享用過酒店式自助餐的，均清楚各款美食必一早便整齊地端放桌上，餐飲如牛奶果汁等亦陳列妥當任君挑選。而時款的烘麵包機與咖啡機本該同屬自助性質的，但或許時尚的多功能電器滿是花巧按鈕，足夠令清早仍睡眼惺忪的賓客暈眩，往往於手忙腳亂瞎按一通情況下，機器出狀態的比率應是全場之最。這大概讓酒店管理層洞悉有些部份的確「自助不來」，結果一專責阿姨便被安排照料這兩台機器。

剛好加國很多餐廳也用類同的自動咖啡機，故我跟它蠻熟稔，所以開始時見這阿姨忙着招呼其他客人，我便快手快腳自己弄。可到了第三天，當我與男友已填飽滿肚熱食，準備出動弄咖啡時，她已笑着端來剛合我倆口味的咖啡！我訝異着：「噢！阿姨何解知道我要鮮磨加少許奶而男友則純黑？」她眉開眼笑曰：「跟蹤你們兩天便知了！」我與男友互望而笑，傻乎乎地張着嘴不知説甚麼，她即搶説：「快趁熱呵！」接着一個箭步飄遠送咖啡給另一熟客。

隨後近兩週的早餐，阿姨到時到候必以燦爛笑容端來我倆所需，使個眼色又游走去幹活，她這簡單一舉竟不知不覺成了我每朝不再賴床的一大動力，亦奇妙地助我笑着開展朝氣蓬勃新一天。當中我觀察到她是貫徹地細心記下客人的喜好，一天我好奇：「阿姨你記性超強呢！」她

略尷尬曰：「也有記錯時，我盡力囉！」與阿姨閒聊後得知，她乃大陸新移民，於港人不甚接受國內同胞的形勢下，她只認定要默默地加倍努力，學識不高的她非常愛惜自己的工作，而能令客人滿意於她小小的服務，已叫她越幹越起勁。她的一言一行無不滲着她對工作的熱忱與用心。於離去時跟她說了連聲謝謝，並勉勵她要持續加油。她眼內含笑、猛力點頭，這是我此行最感窩心的片段。

一份絕不起眼的工作、一個平平無奇的工種，卻可令人印象難忘，體會不一樣的親切感，箇中玄機在哪？相信往後但凡嘆着咖啡，「咖啡皇后」的笑容必伴記憶隨風送來，好叫我陪感溫暖。

鍥而不捨的信鴿

相信大家也遇過這作文題目：我的志願。當人人雄心壯志編寫着大國手或企業家之夢時，我則寫上務實職業：郵差。何故我有此想？這大抵追溯至兒時……每逢看到母親接過郵差叔叔送來家書則笑逐顏開時，我估計這差使該蘊藏着近乎神聖之使命。可長大後發現迷路是我最致命的專長時，我得接受好夢難圓此事實。

現資訊發達，電話電郵、whatsapp、wechat 等聯繫着天涯海角的人們如近比鄰，但郵差於我心中的地位始終超然，因我深信世上還僅存着那種擁護「紙短情長」的少數族群。要知道，打開信箱時，於一大堆了無生氣的宣傳單張中若搜獲一張遠方飄來的信箋時，簡直像中了頭獎般興奮。於草草的文字或前文不接後理的段落中，隱約嗅到家人好友的氣息、觸到一股溫熱暖流，而那種無可取代的幸福感便全賴郵差們一手促成。你或會說這不過是其職責吧！可你聽過我以下這有趣經歷後，自當理解。

一回好友到摩洛哥旅遊，誇下海口說必寄我明信片，害我苦等多時仍落空，我慨嘆：有時收信也得看緣份！豈料數週後，終收到此張飽歷風霜的明信片。我仔細端詳：「你為何這麼晚才到我家？」疲憊的它仍沉默，卻慢慢引導我看清事情始末：於友人幾行字旁，只見他寫着「香港坪洲、大廈名稱及房號」（獨欠座數，我住的大廈共A至D四座呢！）於是此滑稽地址被紅線圈住，旁邊註明「沒此人」，另一黑筆寫着「試B座」。

我當下笑得前仰後合，天下第一冒失好友與超棒郵差，被我藉一張明信片的因緣同時見識到。我遂衝去郵局問個明白，主管笑着說：「我們先送到某座碰運氣，結果被退回；接着一細心同事想起B座梁小姐（則你呀）常來寄包裹，地址類近，提議再試，哼！果然成功！」這就是住人煙稀少的離島之好處。看着此明信片披荊斬棘才到我手，還真多得盡心盡力的

郵差，故我隨即寫了封感謝信以讚揚他們。

移居加國後，我像調換到兒時母親的位置上，日夜期盼收到家書。為了激活在港母親的腦細胞，預防她患腦退化症，我先準備好一大疊貼上郵票及填妥加國地址的信封，命她每月寫進幾行字便投一封進郵筒；我便拉長脖子在加國等郵差把滿滿的幸福送到我手，我再把更多的幸福寫回去，故你看郵差這角色何其重要。現容我於此向各郵差大哥致敬，因我已視你們為愛與幸福的傳送者！並望你們繼續發揚像坪洲郵差那種鍥而不捨的送信精神，令信件平安着陸，把幸福源源不絕送到收信人手中。

可以笑時請別哭

「可以笑時，請別哭」……這基本上是我下半場第二人生開展後，一直四出倡導的標語。記得曾寫過一文〈你今日笑咗未？〉，同是在提醒為生活鑽營的都市人：日夜奔馳苦了身心，竟忘了生活及生命最重要的愜意、自在與笑，是否有點可惜？位位至愛親朋忙得像瘋子般，每寸肌膚崩緊得要命，那「好應每天睜眼必為自己掛上笑臉」此要事卻輕率地全忘了，我在旁看着確有説不出的心痛，我只想竭力提醒，切勿待怎也無力發笑時，才頓覺為時已晚！

司司是我服務了一年多的末期癌友，打從第一天相知相遇，便像家人般朝夕緊繫，從照顧實際的起居生活至心靈的調解無一不及，亦欣喜彼此能於短暫的相處建立互信，從而真正的「交心」，逐漸發展至無話不談的良朋。每回見面，我二話不説便立令她要輕鬆大笑開來，懶理她當天遇着甚麼不濟事或身體有多不適，她清楚面對着我絕不妥協的這一環，她是「非笑不可」的。故久而久之一聽到我按門鈴，她已懂咧嘴大笑地迎接我，因曾偶一不慎地掛個「哭喪臉」便被我罵在當場：「好端端的，還能暢快呼吸、還能吃能拉，就別拖塊哭喪臉！

說白點，誰能說準你我明天一定能醒過來？好歹也珍惜當下可以嗎？可以笑時⋯⋯就請別哭啦！」被我每回如此狠批，她漸聽得進去，逐漸養成習慣後她自然能感受到笑的威力。笑多了心情也變得愉快，各種不適像也得以舒緩不少。

誠然，命由天定，來到曲終人散時，除了安然接受還能怎樣？司司與我隨着歲月的推移、看其身體的變化，大概預知到往後該發生的事。可她每回見我仍持續要擠出歡笑模樣，我看得出這已到了蠻用力的地步，笑容掛於瘦削臉頰不久，旋即被撕肝裂肺的疼痛取代，任她再怎力挽狂瀾，明顯是力有不逮。司司曾坦言：以往常發脾氣且不時緊張的她的確白白糟蹋了很多可以歡樂及暢懷大笑的機會，倒是生病後被我時刻鞭策着才拾回笑臉，而把病榻中會「笑」的日子加起來，竟是畢生笑最多的階段，無不諷刺與警世。笑，雖來遲了點，她還是由衷的感激。

最後於她彌留之際，我輕聲於她耳際安撫：「一切盡過力便好，不要再勉強呵。」那回倒是我強擠笑臉奮力說：「我給你破例，你可不用笑了⋯⋯我答應不會像往日般罵你的，放心吧！」司司心裏明白，未幾合上眼，嘴角含笑地⋯⋯上路了。

朋友，你大抵可明瞭何故你板着臉時我會為之心痛，還是那一句：誰能說準明天會否醒過來？故務必銘記……「可以笑時、請別哭！」

《歡顏》

75 cm x 55 cm

Oil on canvas

2012

笑，給人安心、給人溫暖、給人力量……
乃天賜的禮物。

—— *Charles*

以怪招走出死胡同

琪姨是我們「多倫多原始點服務站」的患者，她越洋前來望解決「周身病」的苦況。與她初見面時，直覺告訴我：其心病才是幕後黑手。要知道，「身、心」是密不可分的，心若不快樂，多透過各式病痛彰顯出來。老遠看她走近，已隱約嗅到其滿腹鬱結，眉心緊緊上鎖、嘴角永遠向下扣，五官組合硬要合併出一個「苦」字。故長年腰疼膝痛、失眠心悸等問題，大抵與她重重心事有關。

我特意叮囑負責志工：「盡量多點『調心』或能更助她！」幸於一個月的協助中，琪姨主要症狀得以明顯改善，信心建立後，她遂願意敞開心扉。早年失婚、經濟拮据、極度抑鬱的她更屢次自殺不遂。見她能樂於剖白證明已走出幽谷，距離「好起來」此目標確不遠矣！心病能疏通，身病定能自癒，到最後見她越發精神爽利，與剛來時簡直判若兩人。

琪姨的到來勾起我一段記憶：「自尋短見」……小妹竟試過呢！當年同是感情重創、加上事業不順心及身體持續抱恙，年輕的我斷定自己乃世上最不幸的人。於一寂寥深夜，脆弱靈魂竟決定為自己來個了斷。可整過程卻相當惹笑：把刀片放手腕一拉，稍見血絲已慌至雙腿發軟，心想要眼睜睜看血流盡才上西天，既恐怖且欠效率！要快嘛，乾脆從住處一躍而下，但想到每早打招呼的清潔叔，怎忍麻煩他清理現場？開煤氣吧，又恐波及鄰舍，連累無辜街坊實不該。就這諸多盤算後，才發覺「找死」這回事確叫人有點煩。

在滿腦充斥古怪思緒卻苦沒出處之際、在夜半三更之時，以下此舉更見匪夷所思！我竟在大廳正中，即時來個……「倒立」（現回想更覺好笑！）素來怪招特多的我，但凡有事想不通便愛倒立，堅信當血氣往笨腦袋衝，定能

有助釐清思路。果然，來個「倒豎蔥」，人竟立馬清醒過來：面對眼前喪失心智的困局，我可做啥改變嗎？可以！正如深宵迷茫時，我可來個倒豎蔥，已是改變的好開始，說明「事在人為」，有勇氣自尋短見，倒不如結集此勇氣與蠻力來逆轉一切！一下子開竅的我從此振作起來，而那自尋短見便成了我人生中一記搞笑回憶。

真多得琪姨令我翻開此久違傻事，她離去前感動曰：「真不知怎報答你們，令我身心得以重生。」我直言：「每人也有各自過去，再多的傷痕無非在提醒你更要把握當下，要活得更好更自在，否則便白白浪費了從傷痛中辛苦『熬過來』的那段。**活好自己便是對大家最佳的回饋。**」她聽畢眼泛淚光，緊握我手猛點頭。其實此番話，同是對我自己說的！

以愛回應一切

「為何他老是愛發我脾氣？閒時不是任意挑剔，便是冷着一鐵臉不瞅不睬。我定是前世欠了他，真不知還能撐多久……」好友儀姐大清早便來吐了一地苦水。聽畢她連珠炮發，我半帶微笑，只專注地為她煮咖啡，望一杯熱的醇香能暫息其怒氣。儀姐持續地自言自語：「結婚時還引吭高唱給我幸福快樂，如今已不敢奢望了，但求不黑臉亂嘈、不糟質我便萬幸。」

看着自家製的「卡布奇諾」大功告成，我遂把焦點轉回儀姐身上。唉！又是典型的：我付出那麼多，為何沒預期的收穫？我輕聲問：「若老公回報的與你期待的相距甚遠，你的愛便變成恨，這樣的愛是真愛嗎？」儀姐呷着咖啡試着思考，我知道以愛心調出來的咖啡正傳送着某種力量助她理解。我遂說：「真正的愛是不管任何情況也希望對方過最稱心的生活，予以空間與自由，是無條件無所求的給予對方愛與關懷；他不安難過時給予安慰與支持，而對方回饋多少便隨緣，完全沒主宰或要求他怎樣的。這才算是真正懂得愛一個人。你反省自己能做到以上嗎？」

她坦然：「哪有如此高尚的情操？付出了當然望有所回報，這不是人之常情嗎？」「嗯，似是而非呢，深入些看，這亦是你現在痛苦之因。若愛的背後有條件有要求，往往會帶來痛苦。要學習太陽，發光發熱普愛世人，太陽何曾要過我們回報呢？」咖啡開始起作用了，儀姐漸能聽懂。「但他常態度惡劣，對外人總比對我好就叫我受不了！」我笑說：「要知道，男的在外打拼，人前人後面面俱圓，回家自然欲卸下面具盔甲，以真面目示人。且工作壓力大時難免會不慎説着重話，他亦不是故意的，正因是『自

己人』他才沒矯飾，包容便是了。」

儀姐直言：「他工作是蠻大壓力的，那我應怎辦？」「但凡他人有不理性行為時，最好先保持沉默，沉默能給予無形力量；其實當他人對我們不友善時，正代表他們在求救、在呼喚愛，故要予以更多愛心。正如當他人倒一大堆垃圾過來，若你心胸肚量大，如江海能納百川，便可消化掉，更能以愛心將垃圾轉為有機肥料，還可開出嬌艷蓮花呢！」

大概是愛心咖啡的效用，儀姐果然比進門時平靜多了，悟到甚麼的她先來懺悔：「我真的是心胸狹窄，當家的他心煩時我卻未能體諒半分，看來我確要做好自己的功課。多謝你聽我發牢騷呀。」我笑逐顏開曰：「你掉給我的垃圾上面正盛放着蓮花呢，你看到了嗎？哈哈！」我還得感恩老天爺正透過我和咖啡來不斷傳達愛、彰顯愛！

「從前到後」的另類「美」

美，於一般人心目中，皆與「完美」二字掛鈎；若論及俊男美女，大家自會聯想到例牌的一表人才或相貌娟秀等標準典範。這千古定律大抵連三歲小孩也學懂，故任誰的照相機掃到精靈小人兒面前，各可愛姿勢均能迅速擺好，拿鏡頭的大人們根本毫不費勁便能拍出輯輯沙龍來。或許看慣了這類超級靚相，再標致的美貌映入眼簾，還不是換來公式的一個「讚」。可早前無意中逛進一畫廊，看到牆上展示具具奇特胴體「背面」的黑白照片時，我赫然被這另類的「美」俘虜着靈魂，張張照片隱約在訴說段段不尋常的人生歷程。

於加拿大安省一小鎮上有所別致藝術館，那天心血來潮我便蹓入內逛逛，本以為小小畫廊多是陳列些油畫或本地雕塑，豈料卻看到組組攝影照片，均是不同主角的正面彩色大頭照及其背面的黑白照。登時感覺蠻獨特呢，看看門口一大標題：Spina Bifida - Front to Back（「從前到後」）。見識尚淺的我對這 Spina Bifida 感到陌生，但環顧一圈倒是款款黑白照強烈吸引着我。而於每組照片旁皆附有主人公的各自心聲。邊看邊細味他們參與這「從前到後」

攝影計劃的由衷分享，漸漸感受到攝影師耗盡三年時光，無非要表達此信息：縱然身體殘障，卻絲毫不損其尊嚴、力量與純美。

深感震撼的我馬上查看此攝影展之介紹，了解到 Spina Bifida 乃一種先天發育障礙引致的脊椎畸形症，患者多終生與輪椅為伴。而負責攝影師正患有此症，輪椅上的他酷愛攝影，自二〇一三年他便籌備此計劃，邀請同病相憐的一群患者與他合作。希望透過他的鏡頭，以組組「自在的彩色正面照配其裸體的黑白背面照」來告訴大家：宇宙間的確存在

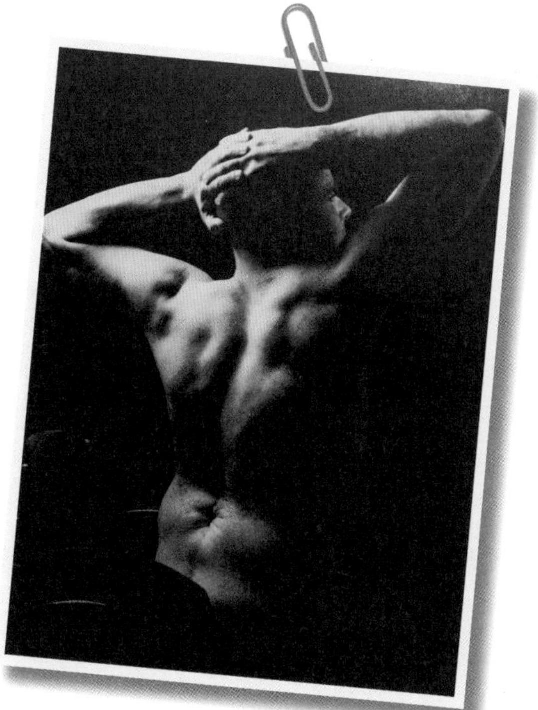

着另一種鮮為世人所認同的「美」。於不少參與者的自述中，他們直言素來不願正視自身的缺憾，有些甚至是首回才看到自己的背面。拍攝前大家不禁擔憂着：「當那殘缺身軀公諸於世，會否嚇壞大人小孩？」可出來的效果竟令人喜出望外，連負責攝影師也感到相當不俗。

看着每組展品，感動的我瞬間雙目濕潤，從照片中彷彿體會到某種蛻變，是患者一直暗藏心底的痛苦、自卑、羞怯、掙扎、恐懼等複雜情緒，巧妙地轉化為果敢、自信與尊嚴，從內而外地散發出一種獨特美。於表象屬「缺憾」的背面，我感受到畸形脊椎或各式疤痕無不是其身體一部份、是其殊勝人生的標記、皆平等地與「美麗」掛鈎……因為內藏勇氣、愛與力量！

世間所謂之「不完美」，往往內含另類不平凡的「美」，試着用心品嘗，你或能感受得到。

給自己「加油」

二〇一三年　夏　克羅地亞

獨個兒上路，心情偶爾變得脆弱，忽起忽落！可一天，當閃閃發光的他出現跟前，一切瞬間改變……

心中先傳來長櫈叔叔的問候：「小姐，一人遊走是否覺累？」我苦笑：「有一點吧，可更多的是那難耐的寂寥！」

他接腔：「唔，是否夜深人靜時倍感淒清，像孤零零一人在對抗全世界？」我苦笑：「唉……正是呢！」一下子被言中心事，我不禁雙目泛紅，頓時跌坐他旁，用力喘息着。

「我一直牢牢守於此，可我從不孤單！天地清風鳥兒長伴，我仍樂不可支。凡事皆有不同看法，學懂為自己『加油』便是了！」

接續不知窩於他懷內歇息多久，離去時，竟像注滿能源般，再看看這閃亮的他，依舊從容不迫地靜觀萬物，我心一寬：「多謝晒！」

人生旅程還不是暫停、出發、小歇後再出發，信心滿滿地啟航，光明永在前方！

—— Charles

《啟航》

75 cm x 65 cm

Oil on canvas

2016

黑雁爭聽「金剛經」

好友早前傳來一台中花邊趣聞，法鼓山園區的一隻神鳥會唸「阿彌陀佛」，此報道旋即登上電視。果然鏡頭前見牠不慌不忙地誦唸着聲聲清脆的「阿彌陀佛」，可愛非常。據悉當年一颱風吹倒樹上鳥巢，寺院住持驚見巢中三小孤雛吱吱喳喳地嚷着，馬上拾回寺院把牠們好好養下來。而三鳥中，這取名為「寬大」的小鳥最具靈性，常守於佛壇，一天竟無意中聽到牠會唸「阿彌陀佛」。自此寬大便成了爆紅的神鳥。

「哼！真的太陽之下無新事，寬大對佛號如此相應，猜想其過往生定潛心修行，故有福報來到法鼓山，並能繼續禮佛唸佛的生活。」好友總結得振振有詞，我遂打趣問：「不曉得在多倫多，會否給我巧遇一隻説『Oh My God』的呢？外國操英語嘛，這才更合國情！」好友沒好氣。但自那天起，我的確多加留意四周，保不定給我言中。結果觀察數週下來，説英語的神鳥沒找到，可無意中竟給我另一重大發現！

故事是這樣的……於我家門前距離湖邊有一大片草地，每天均躺着數群黑雁家庭在優哉游哉曬太陽。而傍晚我則有播放「金剛經」唱誦來伴我作「大禮拜」的習慣，總覺每回均能藉此懺悔與淨化心靈。由於加國溫差大，傍晚六七時已涼風颼颼，故屋內窗户正午後多關起來。來到一天傍晚，我照舊進行着我的「金剛大禮拜」，但那天反常地悶熱難擋，我開始不到五分鐘便急着要打開窗户，一解悶困。新鮮空氣隨即湧入，同時把陣陣金剛經音韻播出。我當時不以為意，直至看到精彩的一幕……

一家四口黑雁們，本已曬畢太陽，游至湖中準備歸家去，忽然牠們定神片刻，像被甚麼攝住了，接着全掉頭游回草地。我見那四隻「航空母艦」以極速朝我窗方向進發，那種渾然忘

我的急進，直如搶灘奪寶，一時我傻了眼，大惑不解。未幾牠們便湧到我窗前站着，拉長脖子、側着頭、如癡如醉般，這時我才恍然大悟，原來牠們要爭的寶是……金剛經。直至經文誦畢，牠們才愜意離去。而我亦不知不覺間於心田湧着陣陣暖流，感動不已。

記得不少大德常言道：只有生之為人才能聽經修行，此實彌足珍貴呢。以往聽着聽着從不覺甚麼，現看到黑雁們的局限與障礙，當這對比放在跟前，才醒覺我們能隨時聽經誦佛修行是何其難能可貴，真當要知足、感恩呵！故往後除了定時給我這草地上的同修們多播放金剛經外，把修行放在第一順位，精進用功定為我的當前要務，因這才好叫沒浪費此「難得的人生」吧！

智者熊貓

熊貓，中國的國寶，我從小到大的心頭好。就是單純的喜歡，越是找不出原因、探不到由來，越證明才是最直接不過的「喜歡」。於是無論跑到哪，我總得找機會探訪當地的熊貓。「不是吧？N年、前年、去年在杭州、北京、台灣……不是已看夠了嗎？今年還要看多倫多的？」好友面對我持續看熊貓的舉動，幾近崩潰地爆發開來。

我力撐：「各地熊貓均各具特色，且每展館主題不同，肯定必有收穫！」好友抗議：「到處楊梅一樣花，熊貓怎看還不是黑白間扭作一團，有啥分別？」「細心觀察總能看出各獨特之處，你看，多倫多這隻不是眼神中帶點憂鬱嗎？」我忙不迭展示網上熊貓的玉照。好友最清楚我有世上最強的磨人耐力，不陪我去必後患無窮；嘻嘻！最後勝利總歸於我。

果真，今回於展館內給我加深對熊貓的認識：從一隻小可愛呱呱落地到首回睜眼窺探花花世界，每一進程均有詳盡攝錄；另一角落，則有一實地體驗：一塊仿熊貓的「肚皮」可讓旅客摸一摸，從來造夢也想抱抱或觸摸熊貓，那毛茸茸的感覺是怎的呢？故你大概可想像能摸摸熊貓肚皮，簡直叫我樂壞了，這展館真夠體恤民心！

接續讓我看到一震撼的解說，原來當熊貓不欲打架時，牠會以雙手牢牢地「蓋住」自己的眼睛，直是壽頭壽腦地把頭埋到掌心裏，一副我不跟你鬥、懶得睬你的模樣。奇怪，當我看到此境時，簡直像攝了魂，腦筋不知在攪拌着甚麼？像有一丁點領悟快要鑽出來。好友搶先說：「真是掩耳盜鈴的笨傢伙！」我聳聳肩，掩耳盜鈴？還是……睿智地「離境」？

瞬間腦內急升過往一幕：那氣燄囂張，不可一世的惡霸前來挑釁，我當然以一副戰

鬥格作還擊，迅即二人罵至青筋暴現；結果誰勝誰負我全忘了，倒是那熱血狂飆的慘烈場面叫我有窒息之感。噢！一看那熊貓蓋眼姿勢，驟覺如雷貫頂，方才頓悟何謂「大智若愚」！對方硬要把生命燃燒殆盡，你就這輕易入局，陪其同歸於盡？當他人來惹事，只要當下「離境」，便即時阻止了往後彼此的碰撞消耗與惡緣衍生，這才是雙贏的上策。且慢，豈止熊貓，烏龜不是遇着強敵，便躲進殼內？這才是最上乘的心法，「**沒有功夫的功夫**」，才是天底下最厲害的絕招。難怪烏龜素來長壽！

原來熊貓烏龜才是智者，當我最終近距離與那憂鬱熊貓打招呼時，心存感激地道謝。那麼多年探訪各地熊貓，至今才給我醒悟開來，怪不得我一直深愛這小可愛，牠原來是靜待良機給我「開示」的大菩薩！

「如來」飯煲

「考考你眼力，於五秒內，從附圖中能否看到哪不對勁？」「沒有呀，簡單廚房一角，巒雅致！」「真的嗎？再仔細看吧，多給你十秒。」「真的看不到呢，別鬧了，開估吧！」「你再細看這飯煲……」這是我日前硬要試驗好友目光是否夠銳利的小把戲。他再乖巧地盯着照片發呆，最後還是洩氣央求我揭曉。

「你沒看出這隻飯煲的蓋頂與煲邊的顏色各異嗎？」我神秘兮兮地回話。他抿嘴怪叫：「哎呀，真走漏眼，是今年最新的創意飯煲嗎？」我莞爾：「不覺怪裏怪氣嗎？」「怎會呢，兩色互拼，巒特別呵，該是潮流新產品吧，會否很貴？」看着好友認真的表情，我更笑得人仰馬翻，甚麼潮流創意飯煲，這只是一個美麗的錯誤。

話說小妹家中的飯煲年事已高，已屆退休之齡。可移居加國後，耳濡目染下便跟着一眾太太，學會追貼減價傳單才入貨，錙銖必較是這裏必要的絕技。不是負不負擔得起的問題，明明是月底或大節日務必跌價的貨品，若你不識相地以正價買入，例必遭到她們的白眼，這類懵懂事我犯多了。故當我欲添置一新飯煲時，不少熱心太太忙制止：「這電器品種必降價的，到時我通知你才出擊吧！」心想買飯煲，霎時像演變成股票大買賣般，我也只好聽候資深太太的報料才入貨吧！

結果，來到上週我被知會心儀已久的飯煲品牌終降價，我便快手快腳去搶購。哼！多險，貨架上我要的型號，就剩一隻呢。當然二話不說便抱着期待已久的新飯煲付款去。記得那天我還特意弄幾道拿手小菜以賀新煲入門！但當打開包裝，取出飯煲一看，旋即呆滯當場……為何顏色不對呀？傻傻的我還不服氣地與包裝盒來回對了數遍，真的就是「表裏不一」呢！

明顯是包裝出錯，把黑灰雙拼了。看着這不倫不類的混合體，又笑又氣。是可以回去更換的，但肚子已咕嚕作響，且此乃最後一隻，恐又是無了期的等與跟進，還要弄上大堆手續，想想已不勝其煩。

於是呆坐於廚房，對着它發愁，可肚餓聲響更不絕於耳，煮頓飯先吃為妙吧。最後從這生力軍跑出來的飯，同是香噴噴的，馬上與美味小菜和應得天衣無縫。原來吃飽了，真有助開悟。當下轉念：飯煲的功能無非是煮頓香飯，眼前這可愛飯煲不是已達標了嗎？它好歹也發揮着應有的職能，我豈可怪它長得與眾不同？心頭適時飄過金剛經的：「**若見諸相非相，即見如來。**」看，我竟以優惠價購得此「如來飯煲」，如今更成好友眼中的潮流新產品，直叫我樂壞呢！

手機殉職的啟示

前一陣子從手電看到朋友傳來的可愛便條，抓住瞳孔的是其秀麗的手寫字句，接着讀畢內容後，忍俊不已，好一個貼切不過的時下實況。說實在，不少摯友爭相坦言：「老婆情人皆可擱一旁，惟手機確一刻離身……也、不、成！」而另一好友更憶述其慘痛經驗：一回手電丟了，一瞬間所有聯繫及存於機內的資料全沒了，頃刻世界停頓、彷彿連下一步該往哪跑也不知般惘然惶惑，此精神重創真花了不少心力作復修呢！聽着這類略為誇大的言論，總叫我質疑，手機怎說也只是一通訊工具，豈有如斯魔力？哼！話……真的別說得過早，日前我便有幸親嘗此挑戰。

話說近日多倫多的炎夏持續烤人，毒熱紅日燙得人人像在蒸籠內跳，這種熱火攻心的難耐感早令我頭昏腦脹，人也差點送命，故何況我那長年勞累的手機。記得那天如常開機，可它卻定格着，嘗試多回關機再開也無效。心知有點不妙，馬上把它送往專業的「手機診所」，當手機進深切治療部作搶救時，我開始胡思瞎想：它定是敵不過酷熱天「中暑」了，可憐手機日夜為我効勞，多年7×24地無休苦幹着，不捱出病來才怪。我早該定時給它休假呢！

正當我快被堆堆愧疚淹沒時，主診醫生正式宣佈其「返魂乏術」；我一聽，下巴跌下，他遂安慰：「你手機年事已高，能至今才壽終正寢也算功德無量，小姐請節哀。」我方才深徹體會何謂之「世界停頓」，我還未能反應時，大國手補充：「這舊款型號，沒內置記憶卡，你機內資料恐已全沒了。」我竟聽到自己失態哀求：「請再盡點辦法吧！我腦不靈光，一切與外界的聯繫……我全依仗它的！」看着醫生同情的面容，我清楚怎也得接受「手機殉職」此確鑿的事實。

領着它軀體回家，滿腦渾沌，心內不住咆哮：「昨天還好端端的，任何預兆也不給我便一聲不響離我遠去，算甚麼共患難的戰友？你肚內存着多少我倆東征西討的涉獵照片，現全付諸流水，你何故要這狠心待我？」當心底聲聲抱怨之際，又像有點不忍，馬上再來一番自言自語：「其實都怪我做主人的失職，沒好好保養你，要你經年操勞至熬不下去，我還遷怒於你，多活該。」

面對手機的「突然死亡」，或有人慶幸可趁機換部時髦的，根本連憑弔也多餘。可我屬念舊派，惜物型，曾與我共患難、南征北討的戰友就此殉職，怎也難免黯然神傷呢！而更難過的是所有資料，包括通訊錄、照片、錄像、音樂、短片、文稿等，真的隨風而逝，這些多年來自四面八方收集的瑰寶，從此灰飛煙滅，每每想到這便難掩惋惜之情！心持續隱隱作痛，可忽爾聽到心底另一細絮叮嚀：「再如是這呻吟有用嗎？」

是的，甚麼叫「無常」？會預先拉警報的又怎堪稱「無常變幻」？手機昨天還運作暢順，今天卻一動也不能動。今天你我在地球村歡欣起舞，明天或許整個宇宙炸為齏粉，渺小人兒相對於浩瀚穹蒼，哪來討價還價之力？「無常」乍現無非敲醒愚昧的我，莫以小我丈量天地、更豈能以小我抗衡「無常」大法，越是不服氣、不接受，兇巴巴在怨天尤人，浪費的只有是更珍貴的「當下」，除了

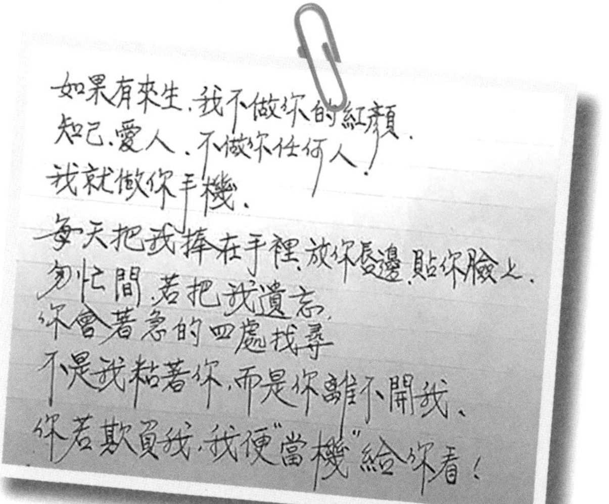
如果有來生，我不做你的紅顏
知己、愛人，不做你任何人！
我就做你手機。
每天把我捧在手裡，放你身邊，貼你臉上。
匆忙間，若把我遺忘，
你會著急的四處找尋
不是我粘著你，而是你離不開我。
你若欺負我，我便"當機"給你看！

自找苦吃，別無丁點效益。

而除了「無常」法印，「緣起」法則我又領會多少？試問照片與錄像，於若干年前這一切可曾存在？因緣聚合即成，隨着手機的出現，於外遊時拍下亮麗照片；現因緣消散即滅，統共走得了無痕跡。緣生緣滅，就如此簡單，這不是很好的提醒嗎？況且說準些，任再奪目耀眼的照片還不是找不回來的「曾經」，牢盯着段段「過去」豈不是浪費了大好當下？懷緬歷史，與善用當下，究竟哪更重要？至於朋友通訊錄，相知相遇、相識相聚，無不靠一個「緣」字。若有緣再聚，肯定怎也能碰頭或聯絡上的，敢問誰能駕馭那玄妙莫測之「緣起法」？

一切皆有其發生之必要，站高點便有助洞悉內情，遂能從容面對。我大概為此「手機殉職」事件，懊惱半天後，便自慚形穢地收起無濟於事的悲鳴，還笑了自己好一會。其實手機之離去，無非為成就我、提升我，看懂了更覺寬慰，最後還不得不對我這親密戰友叩首，並由衷地說聲「謝」！

心交

好友們皆清楚我這怪咖，最愛以「手」作溝通。拍「手相」當然不在話下，甚麼時候心血來潮又愛造陶瓷、摺紙鶴、焗餅乾鬆餅、醃韓式泡菜、搓日式飯糰……還四出跑去送人。「沒有呀，剛想起您，只想弄點小東西送您，親手造的！」稍後多收到朋友信息傳我：好吃／精緻／請教我造／很用心呵！這一切讓我持續相信，但凡用手用心捏弄成的，這蘊涵的愛定能送對方無限溫暖，因我是同樣感應到的。

大概十年前，我又自創另一玩意，就是當遊到不同國家時，以當地紙幣摺「心心」送路上朋友。無論相聚多久，離去前我均會專注地摺好這心，語重心長說：「感恩與您相知相遇，我倆於這特定時空相遇，緣份匪淺呢，這心滿載我對您的祝福，請穩妥放好，當日後稍不順心，請緊記有我這『心』在保護您，我在遠方會一直為您打氣的，有我這愛心在，您定會好好的！」不少友人聽畢，眼眶泛淚，千言萬語盡在不言中，我清楚對方確「心領」！自此我便模擬着發電站，時刻把思念祝福這暖流傳送往每顆飄遠的「心心」上，我知道他們是「收到」

的。

而那年於加國農場當義工時，與一德國男生甚投緣，離去前自然忙不迭派我這「銀紙愛心」，他興奮極了，硬要我教他，我當然傾囊相授。後我忽提議：「除了這心心作你的幸運符外，我們另再互相為對方寫封信，要讚要罵的均可。但關鍵是你以德文寫、我以中文寫；寫成後同樣摺成此心心，作禮物交換。他日當遇着懂這語言的好友，便麻煩其將內容解說清楚。」我這靈機一動，逗得他滿心歡喜，這倒是我生平首趟自覺蠻有意思的「亂來」。我補充：「要知道，我寫的內容可能是尖酸

刻薄，難堪入目的，故他日為你解話的最好是你好友，一切可遇不可求，隨緣而至，這才更好玩！」

於是我倆翌日分手前互交功課，大家看着手上可愛的「心信」，如獲珍寶，誓言一定，便靜待良機。結果這信一躺便是六年，最近才因緣和合，得以揭盅。內容大致如下：「親愛的翻譯員，我即將要描述你眼前這女生……她開朗健談，走到哪均笑聲四溢。對一切極好奇的她，確蠻可愛。請繼續堅持你深信的，樂觀地遊走下去，料必有站站精彩旅程。望他日能看到你的書，並祝你有美好人生。送上無限祝福！P.S.……嗯，請緊記保持你的特質，你有能力……走進每一顆心！」

聽畢後，我再小心翼翼摺回心信，合上眼……淚下了！原來一直送出去的愛是會源源不絕滾回來的，我的確能「感應」到。

自在攻略

一眾好友們閒時最愛窩於我家天南地北的瞎扯一番，或找些焦點借題發揮硬要我擠出甚麼處世之道。老實説，我自問還在這地球村不斷沿途拼命學習，豈敢充當聖賢來説教。但或許我碰壁犯錯的次數遠超常人，故累積的經驗也較多，漸悟出一套「活命自衛術」，自然亦成了朋友們請教的對象。近日好友們均不約而同地為種種生活惱人事而發愁，我想是時候介紹一下我的「自在攻略」給大家備用。

記得以往曾聽過：你最着緊的是甚麼，這東西往往最影響你。簡單公式為：「抓取X就被X牽着走」……我遂丟這公式予好友，讓其試試看：「你們代入最重要的東西進去X來檢驗看看！」結果位位好友像悟到甚麼。的確，老公、小孩、情人、事業、地位、財富、健康……無一例外。你現時生活中最着緊、最看重的是甚麼，這東西便把你束縛住，久而久之，你自然會變成此奴隸。而當我們心目中這個極重要的東西，起了任何變化時，我們的心便跟着被牽走，時刻與圍繞這東西的境界忽上忽下，那麼心再難有「自在」可言！

以我個人為例，以往於不同時段，總慣性執迷於一些像比自己還要緊的東西上，工作、金錢、男朋友……日夜狠狠地盯着，稍一不對勁，便瘋了似的團團轉，「自在」這字眼從來屬奢侈品。直到迷失至沒了健康，才醒覺任你再多**X**也未必有命享用。好了，當我這隻羔羊漸醒時，卻又把一切外物以「爭取健康」取代，照舊被「貪求健康」牽着走，同樣時刻處在戒備狀態。噢！這樣的一顆心從來沒歇息過，反像越賣力越得不到想要的健康；如是這再輾轉角力一番後，才拾得這智慧：**原來內心自在，平衡且和諧才是健康的要素**。正如修行般，應走在「中道」上，各執一端已失自在！

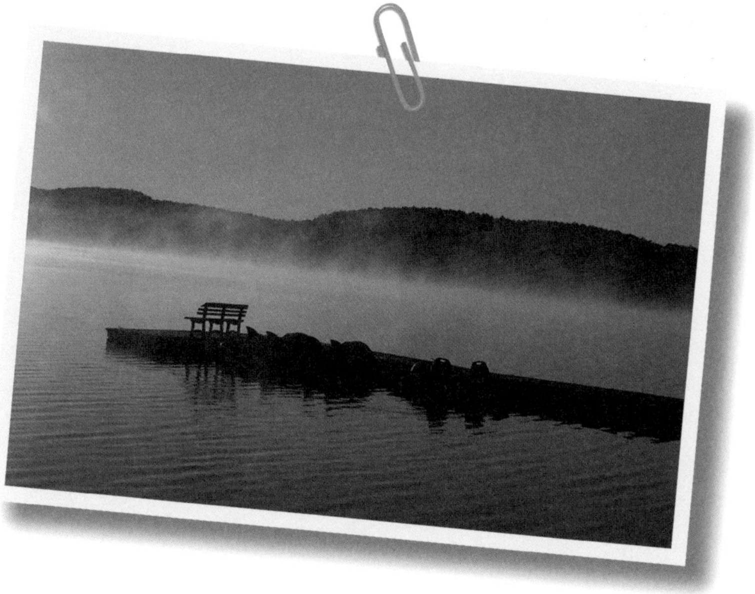

人呵，需經千錘百煉才成長的，自此我便以內心「自在度」為檢測指標。縱然外頭風風雨雨，心若不動、風又奈何？我容許自己稍有情緒波動，但絕不讓外境纏繞太久，沒照顧好自己的心，淪為境界奴隸，是自己「失職」呢！坦白說，於任何極其難耐的境況下，我均努力奉行此規條，漸發覺當心回歸自在境地，才更助發揮潛能及有無限動力，旋即像重生般跳脫勇猛，生龍活虎。故有了這板斧，我確學懂自在而自在多了。

朋友，你自在嗎？不妨檢視一下有多少X牽繫着你的自在？訂下這目標：時刻檢視內心自在度，盡力維護自在、平衡這核心，以當個「自在逍遙人」為奮發的大方向吧！

你的遙控器在哪？

一回到好友家作客，竟意外地給我領受寶貴一課。那回不過是三個家庭的聚會，因其中一家人遠道而來，故大家均熱切期待聚一聚。而聚餐又有何啟發？那要先從觀摩主人家兒子們看電視那一幕說起。我這當客人的，不得進廚房幫手是既定規矩，於是A嫂在孩童與我面前下指令：「你幫我看牢這兩隻馬騮，他們最愛爭電視看，令他倆乖乖勿開戰便是了。」接着十二歲的大哥偕同八歲的弟弟跟我扮過鬼臉，便專注地看電視。哥哥一手搶過電視遙控器，便獨霸武林般操控大局；遜人一籌的小弟只得就範，抿着嘴窩在梳化中盯熒幕。我這旁觀者亦安坐梳化一角，看他們看電視，其間我漸察覺小弟看電視時的幻化表情比公仔箱內的內容更為吸引。

當哥哥把電視頻道選至可愛卡通片時，小弟看得眉飛色舞；當選至喜劇影院時，諧趣主角說些逗笑對白時，兩口子不住笑翻肚皮；可當轉台至恐怖驚慄片時，小弟瞬間嚇至面無血色，瞇眼皺眉地狀甚痛苦。哥哥當然不以為然，只滿足於操控選台及隨着眼球接收到的一切而同樣忽喜忽憂。我在旁盯着哥哥手中的「遙控器」，不禁心中驚嘆：「嘩，好一個法力無邊的小東西，竟可頃刻間操縱世人的喜怒哀樂，殊不簡單呢！」

於我仍在沉思遙控器的威力時，廚藝高手A嫂已弄好滿桌美食，看到如酒宴般的佳餚，人人皆讚不絕口，B嫂忙不迭對準碟碟靚餸拍照與取經，旋即二人忘我地交流下廚心得，A嫂像忽爾站進演講台、被鎂光燈照射着般，大談道道精心小菜的誕生過程，頭頂像加冕光環的她，越說越起勁，B嫂頓變小影迷般聽得如癡如醉。我在旁亦感受到A嫂心花怒放得如登極樂。

可於笑聲四溢之際，A哥突然氣沖沖進門，原來趕回家的他剛與公路上一車子碰了一下，新車慘被劃上一道疤痕，A嫂聽後，怪叫當場：「你永是粗心大意，新車還落地不久呢，你這……」結果一堆不宜寫於此的髒話便跳進各人耳窩。眼看亮麗A嫂瞬間變得不再亮麗了！剛巧A嫂站於電視旁，我目擊這一切，下意識聯想到哥哥手中的遙控器，前後不到十分鐘A嫂心情竟可如此大上大落，誠如某人握着無型「遙控器」在操縱她、在按她的「喜怒情緒鍵」呢。

《操控》

130 cm x 130 cm

Oil on canvas

2010

嗯，這聚餐確有收穫，看到這你大概也悟到甚麼吧……那你是否應看看誰掌控你的遙控器，並盡可能及早把它……收回來！

你感恩過五臟六腑嗎？

日前衝來兩前輩，不約而同地為些健康小毛病向我訴苦。眼前那兩位打扮入時的華麗上班族，只四十出頭，但卻比任何「望五」或「登六」族群更老氣橫秋。這讓我聯想到美女們無不忌諱一個「老」字，可有些人卻甘願提前「倒米」，四十幾卻慣性呻吟如耄耋，人要一夜老開來又何需待歲月勞駕？故順道提提大家：終日持一張利嘴努力不懈地任意責難與埋怨，等於狂吞無形的「催老劑」，大家應慎防之！

兩美人先後抱怨：一加班便胃痛、出差鼻敏感又發作、開會就頭痛，真的人老機器不中用！我聽得蠻惆悵，她們全沒理解是其「使用不當」所致呢，我這旁觀者終按捺不住，要說些公道話：「兩大姐呀，好歹也得尊重天賜的肉身！怎說那娟好身軀也跟你們朝夕相伴，日夜為君効勞，你倆可曾對之言謝？如今稍有不順便肆意唾罵，確令人於心不忍呢！」看我驟變其「身軀代言人」在代為伸冤，兩美自然始料不及，呆在當場。

我不知恁地如決堤般傾注而下：「你們上班族也懂忙裏偷閒去度假，試想想我們的軀體是與生俱來便日夜無間地為我們服務着，哪有一天休息放假？白天伴你馳騁天下，到了夜深人靜、你好夢正酣之際，體內的五臟六腑還在辛勤工作：心臟的跳動、肺臟的呼吸、胃部的消化、脾臟的分泌、肝臟的解毒、腎臟的過濾等等。他們各盡忠職守，全天候地為主人服務，我們哪有由衷感激過？反之每當偶遇機件故障，生起病來，主人卻狠狠責罵：這個胃真差、那個『死人頭』最愛來搗蛋……唉！你們這些主人有夠尖酸刻薄呢！」

「更可惡的是要弄至身體出狀況，還不是這個沒良心的主人嘛！不是狂嚼垃圾食物，便是捱夜操勞，或亂發脾氣；經年累月地折磨臟

腑仍不自知，到了身體拉警報通知主人時，你們還不領情，胡亂迫器官額外消化堆堆藥物，身體那苦不堪言之慘況，你們何曾予以體諒？」二人越聽越慚愧，越懂懺悔：「聽着頗有理，沒小妹一罵，好像從來沒想過呢！」我這過來人再來剖白：「當年一日三餐方便麵的我，簡直在自我虐待，到身體強烈反抗時，我才猛然醒過來。人身難得，我卻如此糟蹋着，罪過呢！」二人漸明我意。

我們常說要感恩，可有誰想到感恩那終身為我們效命之身體？朋友，行動勝於一切，感恩是要落實於行動的，故日後當你生病或抱怨身體不乖時，請先為自己對其照顧不周而致歉，並痛改前非、積極善待身體，將功補過，因天賜的軀體才是你的終身伴侶，務請好好珍惜吧！

朦朧點更美

一位前輩有夠可愛，最喜歡不時跑來丟些難題硬要我給她分析與評論。有時真搞不懂她想藉研討中提升智慧，還是吃飽了好歹要幹點甚麼來力證生活不致太蒼白無聊？前輩近日口吻突變嚴苛，一開口便下判詞：「我老公越來越善變，以往不喜歡的，如今卻說『沒所謂』。堂堂一個男的竟較女人更善變。」我搭不上話，「變」才是必然的，每分每秒人事物情皆在變化中，難道眼前的她不明嗎？這有何稀奇？

我仍貫徹地沉默，她越發激動：「善變也算了，行徑也漸變古怪。明明不愛走路，現飯後卻要外出散步；平日的古典音樂卻換上流行曲來；素來只穿黑白灰三色，昨天竟買鮮艷襯衫回來……問他為甚麼？他竟解釋不來。還有，只喝蘑菇湯的他，如今卻改愛羅宋湯，老公像徹底變了另一人！」我差點宣佈投降，連這些雞毛蒜皮小事也拿來問點解，教我不知如何回話。她更急問：「你說他為甚麼忽然會如此？」我倒反問：「那他為甚麼不能愛羅宋湯？」她不假思索曰：「他已喝了蘑菇湯二十多年呢……」我已搖頭駭笑，世上竟有如此無聊白癡的對答，虧我還可以持續說下去：「是時候轉變吧，沒需甚麼『為甚麼』好不好？」

或許見我鮮有的咆哮，前輩才靜下來沉思，我遂說：「世事無絕對，今天的好可以是明天的不好，昨天的喜歡可以是今天的不喜歡，只要沒影響他人，其實甚麼也可以吧，反而太多界線框框才造成沒必要的限制或阻礙。」她略點頭，但仍改不了習性：「為甚麼忽爾來個改頭換面，我適應不來！」「又來『為甚麼』？有時過多的分析往往令人感受壓，而你終日要問明原委，確花不少力氣，很多事是無解的，少些『為甚麼』會否更輕鬆自在？」

她還來反抗：「不是應該凡事清清楚楚、黑白分明嗎？」到我調過來反問：「為甚麼這才叫『應該』？往往壁壘分明的更易起衝突、更令人累。」我遂說：「家母向來眼力驚人，地上每一磚塊隙縫絕不容一絲污垢，掉了半根頭髮於地上也得立馬清潔，結果她從早到晚光照顧地板已忙得不可開交。我呢，近視眼鏡度數從來不準，朋友笑我終日「矇查查」時，我必說：凡事看得太清楚未必是好事呢！相對我媽每天忙擦地板，我這『看不清』的一週才擦一回，倒覺舒適無比呵！」

前輩開始明白我的喻意，我也承蒙她激發，讓我重拾這久違的至理名言，在這順道與大家分享：「**活得太清楚，才是最大的不明白！**睜一眼、閉一眼，更顯睿智；有時矇矇朧朧……才美呢！」

《看不透》

55 cm x 45 cm

Oil on canvas

2015

滂沱大雨，唏哩沙啦的雨點打得外頭世界七零八落，
就是這「看不透」更顯特色。

—— Charles

後知後覺的「七宗罪」

近日被朋友網誌上的一張「大雄寶殿」照抓住瞳孔，憶及多年前遊西湖靈隱寺時我亦攝下類近照片，當時師父看着我此照，端詳良久，遂笑問：「你知道甚麼是『大雄』嗎？」我差點脱口笑說是否甚麼卡通人物，幸回看他慈悲雙目，我知道要認真些：「小妹學識尚淺，請師父賜教。」他簡言：「**世上最大的敵人原是『自己』，真正能駕馭自己的才稱為真英雄**，故『大雄』深義是指能征服自我，要銘記呵！」「是的，幸給師父點醒，我定牢記着並朝這方向勤加用功。」我笑着誇下海口。

「說」，永遠是容易的，可實踐開來往往是另一回事。故當再瞥見此「大雄」照時，更叫我有當頭棒喝之無地自容感。因最近被周遭的人與事弄至身心疲憊，不自覺又心存怒氣。碰着他人發脾氣，心頭總會冒火，暗自抱怨這個不對、那個不應該……自己竟終日左思右想，久未釋懷。噢！還以為自己修行尚算不俗，可靜觀下才看到自己於歷緣對境中，還是多麼的不堪一擊。

雖遲了點，幸我還懂檢討與認罪，以下是連日來為自己歸納的七宗罪：①首先，我何故會不悅？只因外境及他人的處事方式不合本小姐心意，他人「應該」這樣、「不應該」那樣。第一宗罪：我是以「自我」的框框來要求他人，我執、我見主導一切可自己沒察覺到！②而他人的處境與原委我有透徹了解嗎？我有站在他人立場作考量嗎？第二宗罪：慣性帶成見看人與事，且完全忽略要尊重他人。

③看到他人犯錯或發脾氣時，我竟在動怒。第三宗罪：別人已跌一交，我沒拿愛心包容還氣他，這豈非落井下石？

④只着眼他人的過錯，卻沒看到自己的盲點。第四宗罪：忘了反觀自身，沒察覺到生活中所有的困擾與障礙，其實是自

己的思考模式所造成，問題多出於自己呵！⑤自己被外境牽着走，時刻黏在境界上拉扯不休。第五宗罪：已事過境遷，可無明愚癡的心還緊抓着，淪為境界奴隸，「處處住」而不自知。⑥讓自己心存憤慨，令投射出外的盡是痛苦及負能量。第六宗罪：傷害自己的同時亦在散播痛苦、污染虛空。⑦常思前想後且不住抱怨。第七宗罪：沒作正面自省以吸取教訓，卻停在沒建設性的責難控訴上，浪費了大好學習與成長機會，簡直是虛耗生命。

你看，日常簡單軼事，已輕而易舉地誘發此七宗罪，的確世上最大的敵人……原是自己，要征服，談何容易？稍一不慎便處處觸礁。也好，知恥近乎勇，難得今回此照重現，定是來點醒我……真要賣力向此「大雄」進發呢！

對錯很要緊嗎？

「是你錯、是你弄錯了，我才是對的……我肯定是對的，拜託請看清楚吧，好嗎？」回想着從前倔強高傲的我，每逢聽到這類批判言詞，例必不理好歹先捍衛一番。當查明底蘊後，若自己是錯的一方，怎也不甘願認錯，胡亂拉扯些借口好讓「愛面子」的我勉強下台；但倘若錯在對方，必勢不饒人地破口大罵，硬要一雪前恥般令對方雙倍不好受。當人經驗漸豐後，發覺此套弄至兩敗俱傷的消耗攻略，無論最終誰對誰錯，總叫大家身心疲憊。故歷年下來，逐漸覺悟到很多時候的「一笑置之」，把「對錯」看似雲淡風輕，其實更能智慧善巧地達至「雙贏」局面，以致「**你好我好大家好**」！

以下分享一可愛實例。經常出門的朋友料必理解作長途飛行時，機艙舒適度尤其關鍵。而上回從多倫多飛往德國的一程，好友再三提醒我該盡早作好網上登機手續，並挑個稱心佳座，以確保能睡飽飽，一着陸即可馬達腳四處飆。全因好友苦口婆心不停嚷着，那回應是我畢生首趟以最早姿態完成網上的登機確認並選好心儀座位，我得意跟好友致謝：「登機四十八小時前可上網預辦手續，我幾近一開閘便火速辦妥，到時一躍上機便可蒙頭大睡，着落時定精神奕奕，多得你提醒，德國見呵！」

還記得出發那天我輕鬆地進行着一切事宜，且早把自己安頓好於機艙座位內。正當我閉目養神之際，忽爾一女士站我旁大聲道：「小姐，你坐錯位置了，這是我早訂的座位。」看她板起臉、撐着腰，一副「你膽敢亂錯位」之控訴狀，當下的我被嚇得魂飛魄散。可定神後，心想不對呀！我是搶閘於網上選妥位置的，何解……？當我在整頓思緒時，她更兇巴巴地喊來服務員，硬說我霸了她座位。

鑒於她嗓門極大，高分貝的唾罵聲早引來不少乘客張望。對這類古怪事欠經驗的我，直像笨蛋般木訥着不知所措。而服務員馬上查明究竟，瞬間奔回禮貌地向女士賠罪：「抱歉讓太太久候，這確是你的座位。」勝利的她越發嗤之以鼻地冷眼瞪着我。你大抵可想像我當時費解與無奈的表情，可為保公眾安寧，我還懂合作地迅速撤離。而此時服務員即低聲於我耳邊說：「真抱歉令小姐受驚，全因電腦紀錄出錯。不打緊，看來小姐愛寧靜，我想較適合把你安放於……頭等艙吧！」

《見諍》

90 cm x 60 cm

Oil on canvas

2015

「順我則是，逆我則非」，見諍不斷，
乃全因這個無明「自我」。

—— Charles

「頭等艙？」我心底竟不住讚嘆此名詞原來有多「動聽」！誰對誰錯，重要嗎？我只知道表面上獲勝的她，洋洋得意地穩守其雅座；而落敗的我卻含笑盡享頭等禮遇，「你好我好大家好」……我又上了愉快的一課。

捨、得！

「沒有甚麼是屬於你的，沒有甚麼是你專有的，包括你日夜死命在苦苦維繫的軀體色身，時辰到還不是眼睜睜地看着其解體？任你再愛不釋手又如何？」男友自當會意，但看着自己辛苦經營兩年而成的佳作，還是有點眷戀。話說兩年前，男友費盡心神創作的一幅比我還大的油畫（名為「奮鬥」），好不容易得以入選第十二屆中國全國美展，此美展五年才舉辦一回，而可以入選算是得到中國藝術界的肯定。此畫於大陸展覽一個月後，順利運回多倫多，當我看到這動人畫作時，心生一念：要將之捐出去，雖不知捐往哪兒，但我彷彿看到它有獨特的使命……

當目標明確，一切自會順理成章地逐一展現。就這因緣湊合下，男友畢生最大榮耀之傑作得以順利贈予多倫多大學的醫學研究院，可說是為此油畫找到理想安樂窩。且像重新賦予它生命與靈魂，好讓其「奮鬥」的信息得以靜靜地於空氣中散播、讓每位有緣與之對焦的方眾感受到某一種力量，這大概便是它存在的意義。

可到了真正轉贈時，男友實難掩那悵然若失之情，這自然可理解。我忽爾想到以亞歷山大大帝死前那語重心長的故事開導他。南征北討的亞歷山大大帝臨終前吩咐部屬們：「我死以後，請在我棺材上挖兩個洞，把我雙手放在棺材外面，然後再抬我走過街市。我要讓世人看看擁有無限財富及名望的我，死後同是兩手空空地離去、同樣帶不走任何身外物。我活着時看似很光榮，但死時盡是空空如也。每個人活在世上的方式各異，但死的方式卻一樣：空空來，空空去！切勿像我這般直到臨死時才醒悟……我要讓人們記下我的教訓，莫讓寶貴的生命流逝得太快。」

男友聽後，茅塞頓開曰：「是的，天賦我畫畫技能，無非是借助我利益十方，善用之且回饋世間才是我的重任。至於一切產物，亦非我所有，再顯赫的榮耀，全是鏡花水月，到頭來還真的帶不走。但若能藉畫作給世人激發鬥志、添點啟悟才別具意義！」我心一直在笑……孺子可教呢！

應研究院主席之請，我也略盡綿力為此油畫寫了以下內容：畫名「奮鬥」，喻意：無論面對身體諸多障礙、眼前困境何等難熬、理想目標如何遙不可及……只要堅毅果敢、專心致

構圖設計中的船槳與手的動感，
予以畫面更大的張力。
—— *Charles*

《奮鬥》

160 cm x 160 cm

Oil on canvas

2014（第二版本，這油畫入選第十二屆中國全國美展）

志，懷抱着無堅不摧的奮鬥拼勁與信心勇往直前，勝利永在你手！當男友於贈畫典禮上解說此畫喻意時，他與油畫同在散發着耀眼光芒。而當院方上下人人皆異口同聲讚揚他慷慨時，他只笑曰：「沒甚麼，倒是我需言謝……因我才學懂更多呢！」

後語

曾聽誰說過，怎樣的童年或多或少會影響怎樣的人生。故兒時那貧窮、飢餓、居無定所且顛沛流離的生活，早給我打造出一副強悍戰鬥格。唸書時一定要爭第一、工作時一定要出類拔萃、升職加薪一定要比別人快，人生目標只得一個：錢錢錢是也！我還天真地滿以為光看到銀行存摺上逐年遞增的銀碼，便能填補心底一直欠奉的「安全感」，於是只懂死心塌地拼命幹活。直至大限將至才猛然覺悟：任你存摺上那閃閃生輝的銀碼有多吸引，仍無濟於事！「生不帶來，死不帶走」這真理，任你再怎不甘心去相信……還是得接受。

坦白說，若生命中沒出現那「休止符」，相信我還在埋首於世間的榮華富貴、名聞利養中而不能自拔。「越捨才越得」這道理，看似易懂，但若非身體力行地「做出來」，是難以領受箇中真諦的。相比於以往穿梭於名利堆中看盡的五光十色，現簡樸的粗茶淡飯更令我感自在愜意；而放下高薪厚職，現轉為服務民眾，時刻更感踏實且富意義，故沒「捨」何來「得」！

「要將之捐出去，雖不知捐往哪兒，但我彷彿看到它有獨特的使命……」那刻看着男友油畫而心生此念，回頭再看，原來這話用來形容當年的自己更見貼切！中場被按停之際，我的下落將會如何？不用想太多，把自己捐出去，捐予天地吧……我是從天地而來，一切自會給我安排好的，儘管把自己「交出去」便準沒錯。

接續看到上天巧妙地把我放到書桌上：路上遇着誰伴我一年後分享着種種、與誰靠着長櫈在訴衷情，途中碰着甚麼古怪事又給我長點見識，這統共打包成札記妥存於小書內。算不清多少回深宵醒來，半瞇着眼手卻一直寫寫寫，總感應到誰硬要借用我手傳達些要旨！醒後看到案頭疊疊文稿，我竟從自己的筆跡，先上一堂哲理課，學得津津樂道。當一書、二書、三書順利面世，街坊親友讀者們說從書中添了不少正能量時，我更鏗鏘嚷着：「是呵，我也獲益良多！」大家總以為我在謙遜地說些客套話，卻難以想像這正正是我真切的感受。

雖說感恩二字早溶於血液骨髓中與我並存，我還得大聲嚷着感恩老天爺一直好好善用我這「工具」，讓我於茫茫大海中確立使命，並鞭策自身先要自強，才能確保時刻燈火通明地照亮他人，以發揮存在的作用。嗯，只望下回你與誰閒坐公園長櫈時，或可分享些書中故事，助人自助；又或是充填些正念於心坎，碰着人生低潮時恰巧能幫上忙，那你便賦予了此書別具意義的生命。

人，走後甚麼也沒能帶走，可走過的當下，若能給誰喚醒甚麼、注點動力或燃點起生命之光，這樣的人生大抵可說……值了！

www.cosmosbooks.com.hk

書　　名	走路看花——重整人生旅途
作　　者	Ginson Leung 著、Charles Choi 繪
責任編輯	王穎嫻
美術編輯	郭志民
出　　版	天地圖書有限公司 香港皇后大道東109-115號 智群商業中心15字樓（總寫字樓） 電話：2528 3671　傳真：2865 2609 香港灣仔莊士敦道30號地庫／1樓（門市部） 電話：2865 0708　傳真：2861 1541
印　　刷	亨泰印刷有限公司 柴灣利眾街27號德景工業大廈10字樓 電話：2896 3687　傳真：2558 1902
發　　行	香港聯合書刊物流有限公司 香港新界大埔汀麗路36號中華商務印刷大廈3字樓 電話：2150 2100　傳真：2407 3062
出版日期	2017年6月／初版

ISBN ：978-988-8257-92-8